成都轨道交通集团有限公司岗位培训系列教材

站务员

成都地铁运营有限公司　编

西南交通大学出版社
·成都·

图书在版编目（CIP）数据

站务员 / 成都地铁运营有限公司编. —成都：西南交通大学出版社，2017.12（2020.3 重印）
ISBN 978-7-5643-5866-2

Ⅰ. ①站… Ⅱ. ①成… Ⅲ. ①城市铁路 – 轨道交通 – 客运服务 – 职业教育 – 教材 Ⅳ. ①U239.5

中国版本图书馆 CIP 数据核字（2017）第 264726 号

站务员

成都地铁运营有限公司　编	责任编辑／李　伟
	特邀编辑／张芬红
	封面设计／墨创文化

西南交通大学出版社出版发行
（四川省成都市二环路北一段 111 号西南交通大学创新大厦 21 楼　610031）
发行部电话：028-87600564　028-87600533
网址：http://www.xnjdcbs.com
印刷：四川森林印务有限责任公司

成品尺寸　185 mm×230 mm
印张　11.5　字数　248 千
版次　2017 年 12 月第 1 版
印次　2020 年 3 月第 4 次

书号　ISBN 978-7-5643-5866-2
定价　26.80 元

课件咨询电话：028-81435775
图书如有印装质量问题　本社负责退换
版权所有　盗版必究　举报电话：028-87600562

成都轨道交通集团有限公司岗位培训系列教材
编委会

主　任　沈卫平

副主任　饶　咏

委　员　章　扬　徐安雄　朱　均　刘　兵　丁　超　陈　辉
　　　　谢　斌　侯慧芳　向娅莉　李向红　曾东亮　廖理明
　　　　冉　洪　孙永全　魏立源　王　磊

《站务员》
编写人员

罗　啸　周　洁　邓小敏　吴佩洪　胡　焱　王　文
洛蓉绒　杨　颖　黄　月　赵伯旭　张　燕　陈　茜

序
PREFACE

中国共产党第十八次全国代表大会以来,随着我国城市化进程的不断加快,城市轨道交通取得了长足发展。地铁,作为一种独立的轨道交通系统,凭借其运行速度快、载客能力强、舒适度高、能耗较低,且在行驶过程中不受地面道路拥挤状况影响等优势,已成为当前各大城市缓堵保畅最有效的方式。截至 2017 年 6 月 30 日,我国已有 29 座城市开通运营轨道交通线路,合计运营线路 136 条,运营总里程达到 3 529 km;我国已步入城市轨道交通高速发展时期。

作为西部政治、经济、文化中心,成都市制定了"轨道交通引领城市发展格局"的轨道交通发展战略,大力实施轨道交通加速成网计划,预计到 2022 年,地铁运营里程将突破 600 km。轨道交通的快速发展,需要清晰的、与各发展阶段相适应的组织管理模式,也需要与发展战略相适应的、具有前瞻性的人力资源管理体系,更需要在此基础上构建员工培训和发展体系,以指导运营人才的自我培育。因此,只有提炼并总结运营经验,加速人才培育,才能有效解决轨道交通人才短缺的问题,确保后续线路的顺利开通与安全运营。

基于愈加凸显的轨道交通专业人才培养需求,成都轨道交通集团有限公司下属成都地铁运营有限公司通过总结 7 年来的运营管理经验,历时一年完成了"成都轨道交通集团有限公司岗位培训系列教材"的编写工作。本套培训教材,涵盖行车调度、电客车司机、站务、通信、信号、供电等地铁运营主要专业(岗位),同时结合各专业的岗位标准、培训标准、认证标准,对专业涉及的基础知识、岗位知识和故障(应急)处理进行了总结和分析,既能够满足加速成网发展背景下的地铁员工培训需要,也能为职业院校轨道交通相关专业人才培养提供一定的借鉴。

由于水平、能力有限,本套书中还有诸多不足之处,恳请各位读者、同行不吝指正,我们将在后续实践中不断丰富和完善教材内容。

成都轨道交通集团有限公司
2017 年 11 月

前言
FOREWORD

随着我国城市化进程不断加快,城市轨道交通作为缓解城市交通压力的重要组成部分,也进入到迅猛发展时期。经济发达国家的交通发展历史告诉我们,只有采用大客运量的地铁和轻轨交通系统,才能从根本上改善城市的公共交通状况。当前,在国家加快城市轨道交通建设这一大背景下,如何快速而高效地培养合格的地铁运营人才,直接关系到地铁的安全运营。

站务员作为车站运作的基础岗位,既是地铁客服工作的"窗口",也是各类应急处置的"排头兵",业务面广泛。《站务员》分别从车站组成、设备基础认知、车站基础管理制度、站务员岗位技能、综合应急处理、新技术应用等方面对本岗位的工作做了较为详尽的介绍和讲解。

教材的编写是一项探索性工作,由于编者的能力有限、经验不足,书中难免存在不足之处。欢迎读者对教材提出宝贵意见和建议,以便教材修订时补充更正。

感谢成都工业职业技术学校教职人员在本教材出版前的质量评价环节提出的宝贵修改意见。

编 者
2017 年 11 月

目录 CONTENTS

概　述 ·· 1

第一部分　基础知识

第一章　城市轨道交通车站及线路 ·· 3
　第一节　城市轨道交通车站的基本组成 ·· 3
　第二节　车站与线路分类 ·· 10
　复习思考题 ·· 17

第二章　车站设备认知 ·· 18
　第一节　行车设备 ··· 18
　第二节　票务设备设施 ··· 28
　第三节　服务及导向设备 ·· 36
　第四节　机电设备 ··· 42
　复习思考题 ·· 48

第二部分　岗位知识

第三章　车站运作基础 ·· 49
　第一节　车站管理模式 ··· 49
　第二节　生产管理制度 ··· 54
　复习思考题 ·· 61

第四章　站务员岗位技能 ··· 62

第一节　行车工作 ··· 62
　　第二节　票务工作 ··· 88
　　第三节　客运服务工作 ·· 105
　　复习思考题 ·· 138

第三部分　应急处理

第五章　站务员综合应急处理 ·· 139
　　第一节　消防工作 ·· 139
　　第二节　突发事件处置 ·· 149
　　第三节　自然灾害类现场应急处置 ································· 154
　　复习思考题 ·· 158

第四部分　新技术应用

第六章　企业微信站务数字化巡视介绍 ································· 159

复习思考题答案 ·· 161

参考文献 ·· 170

附录　名词解释 ·· 171

概　述

地铁车站作为城市轨道交通运营系统的重要组成单元，车站工作人员的岗位技能和综合素质将直接影响城市轨道交通系统的安全、服务、效率等。车站工作人员按管理层级可分为管理人员、值班站长、值班员、站务员等。其中，站务员岗位是车站基本生产岗位，是直接向乘客提供问询、售检票、安全引导等服务的岗位，其服务的好坏直接影响到乘客对整个轨道交通运营企业服务水平的评价。因此，站务员需要树立正确的职业道德观念，具有强烈的责任感，能够自觉遵守规章制度，掌握岗位业务技能及应急处置程序，具备有效地综合运用城市轨道交通技术设备的能力，为乘客提供安全、舒适、准点、高效的乘客服务。

站务员按照工作内容可主要划分为三个不同的岗位：售票岗、站厅巡视岗、站台岗。在此基础上根据车站特点、客流等因素，会增设引导岗、电扶梯监控岗等岗位。

一、售票岗职责

售票岗作为车站票务服务工作的执行者，应负责当班票务中心（客服中心）的售票工作；负责处理与乘客相关的票务事务；负责填写票务报表和当日票款收益；负责本班票务中心（客服中心）内的卫生及安全工作；负责本班票务中心（客服中心）内的设备、备品的管理；负责岗位职责区域的巡视及异常处理。

二、站厅巡视岗职责

站厅巡视岗负责定时巡视站厅、出入口，巡视事项包括安全设备设施、服务设备设施、安全环境状况、乘客服务事项等。其中，负责巡视设备设施状态，包括站厅消防设备设施、客服设备设施、乘客指引导向等情况，遇自动售票机、闸机、扶梯等设备故障的情况要及时摆放暂停牌，并及时向车控室报告；负责帮助乘客，包括回答乘客询问、解决乘客问题、及时处理乘客事务、帮助引导车票有问题的乘客到客服中心；负责疏导乘客，包括关注乘客聚集堵塞通道、客流异常等特殊情况，及时上报并按要求采取相应的客流疏导和客流控制措施；负责安全引导，有特殊乘客进站及时通知有关岗位，对老年乘客、小孩、行动不便者或携带大件行李者要指引其走楼梯，必要时提供帮助以避免客伤事件发生；负责监督工作区域内的卫生情况，发现问题，立即整改；负责部分票务设备操作，包括出闸机票筒的更换工作，协助进行更换钱箱、清点钱箱的工作；负责站厅边门的管理，按规定给乘客开边门；负责责任区域的突发事件的应急处置；负责制止并处理乘客违反相关城市轨道交通运营管理办法的行为。

三、站台巡视岗职责

站台巡视岗负责定时巡视站台区域的安全设备设施、行车设备设施、服务设备设施、安全环境状况、乘客服务事项等。其中，负责设备设施巡视，包括负责站台区域电梯、紧停、消防、屏蔽门等设备状态巡视，发现异常及时报告车控室并做好现场处置；负责按站台接发列车标准接发列车，包括监视列车运行状态、候车乘客动态、乘客上下车状态，处理在接发列车过程中发生的突发事件；负责列车折返时的清客工作；负责端门把控，在接发列车间隙，查验巡检人员证件与车控室核对无误后开端门，并确保端门正常关闭；负责关注站台乘客的候车动态，包括及时提醒特殊乘客注意安全，发现携带违反地铁管理规定物品的乘客，要及时劝其改乘其他交通工具，并及时报车控室；负责站台乘客候车秩序，包括引导乘客到人较少的地方候车，主动引导乘客按地面箭头指示排队候车，先下后上，引导乘轮椅的乘客到轮椅乘车位对应的屏蔽门处上车；负责检查站台备品间内的所有设备设施的状态是否良好，是否缺少；负责站台卫生，确保站台区域卫生情况良好；负责突发应急事件处置，发现异常情况按相关预案及时处理；负责制止并处理乘客违反相关城市轨道交通运营管理办法的行为。

四、电扶梯监控岗职责

电扶梯监控岗需引导搭乘扶梯的乘客注意乘梯安全；对不便乘坐扶梯的乘客提醒其走楼梯或观光梯，防止乘客携带大件物品搭乘扶梯；密切关注扶梯运行情况，当乘客较多，可能出现堵塞等紧急情况时，及时采取措施，并上报车控室；当出现扶梯客伤时，及时按停扶梯，按客伤程序处理。

五、引导岗职责

引导岗根据车站具体客流组织方案进行设立，主要负责引导客流，疏解关键节点客流压力；积极引导进站乘客到乘客较少的车站客服中心、自动售票机、闸机等处购票、进/出站；巡视所辖范围设备的运行情况、乘客进出站情况等，及时主动向有需要的乘客提供服务；注意突发紧急情况时，乘客拥向出入口，堵塞通道等特殊情况下特别要积极疏导乘客；及时向值班站长、值班员报告异常情况和问题。

鉴于站务员岗位的重要性和所涉专业的广泛性，本书在编写过程中，依托多年的实践经验，对站务员所涉及的大量知识点进行了重新整合，较好地体现了站务员岗位的岗位要求和工作内容，实现了培训教育与岗位技能的有效对接，帮助读者加深对站务员岗位的了解；同时对于提高从业人员基本素质，掌握站务员岗位的核心知识与技能有直接的帮助和指导作用。

第一部分　基础知识

第一章　城市轨道交通车站及线路

【本章学习重点】

本章作为初学者了解城市轨道交通的基础，共分为两节。第一节：车站的基本组成，包括站厅、站台、设备区、出入口及通道、车站附属建筑物；第二节：车站、线路、限界的具体划分形式及相关定义。

通过本章内容的学习，能够对城市轨道交通车站的线路、设备等进行全面了解，从而透彻掌握相关知识，从根源上解除初学者的疑惑。通过辨识掌握车站的相关信息，奠定站务学习的基础，以便于掌握车站生产管理的关键点。

第一节　城市轨道交通车站的基本组成

城市轨道交通车站是客流的节点，是城市轨道交通的重要组成部分，也是列车到发、通过、折返、临时停车的地点，同时具备乘客集散、候车、上下车、换乘等功能。为满足安全、迅速、方便地组织乘客进出站的运营要求，车站同时又是城市轨道交通运营设备的集中设置地。

车站是旅客乘降的场所，通常而言，市区车站间距在 1 km 左右，郊区在 2 km 左右。

根据车站的功能需求，车站一般由风亭、冷却塔、出入口、通道、站厅、站台、设备区等组成。

第一目　站厅

一、站厅的功能及作用

站厅的主要功能：集散客流、售检票、安检、提供服务等。

站厅的作用：将由出入口进入的乘客迅速、安全、方便地引导到站台乘车，或将下车的乘客同样地引导至出入口出站。

二、站厅的组成

站厅按其用途分为公共区和设备区，一般两端为设备区，中间为公共区。公共区又分为付费区和非付费区，以闸机和隔离栏杆进行分割。乘客从非付费区购票通过进站闸机检票后进入付费区，从而到达站台乘车；或者从付费区通过出站闸机到达非付费区出站（见图1-1）。此区域内设置有各种导向标志、应急疏散标志、服务标志，以引导乘客方便快捷地进出车站。

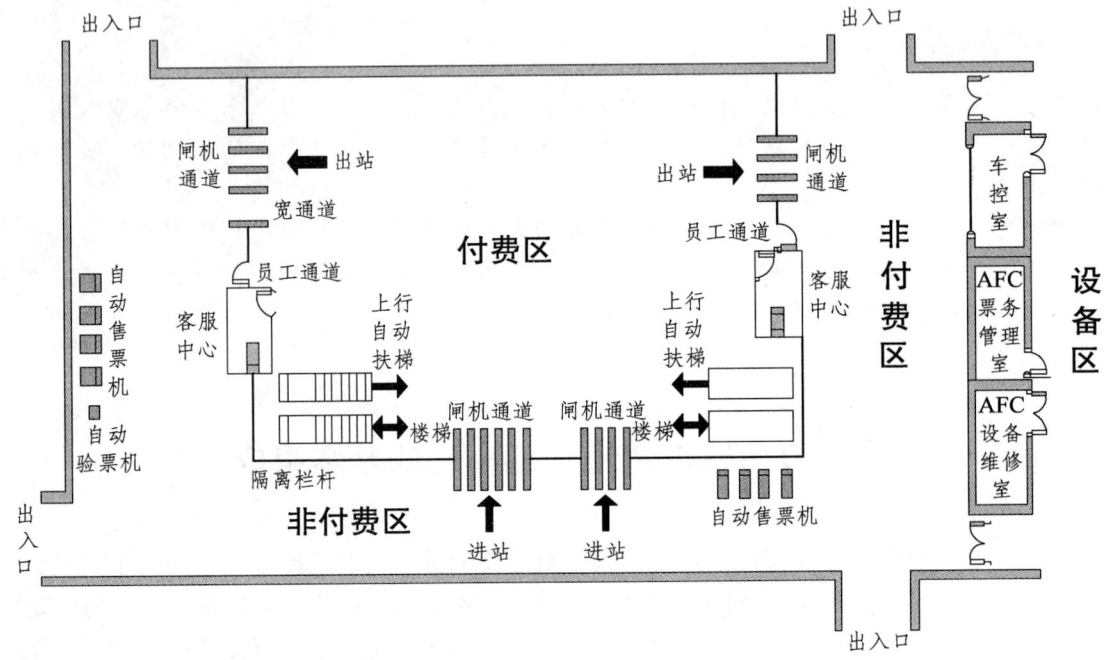

注：AFC为自动售检票系统的英文缩写。

图1-1　某地下车站站厅平面布置图

客服中心设在站厅的付费和非付费区之间，可同时服务于两个区域的乘客，完成兑零、售票、咨询、补票等业务。

站厅层作为乘客密集的场所，在非付费区内可以根据场地大小布置部分便民的商业设施，如自动售卖机、自助银行、小商铺等，布置原则以不影响安全及乘客出行为首要条件。

第二目　站台

站台的主要作用：供列车停靠、乘客候车及上、下列车。

一、站台类型

城市轨道交通车站站台类型可分为岛式站台、侧式站台和岛侧混合式站台。

（一）岛式站台

站台位于上、下行行车线路之间，这种站台布置形式称为岛式站台（见图1-2、图1-3）。

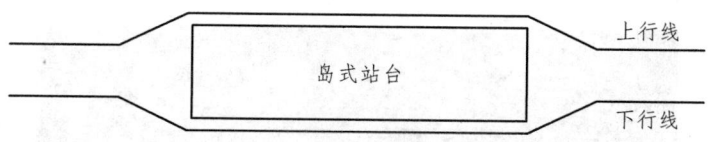

图1-2　岛式站台平面示意图

图1-3　岛式站台立体示意图

1. 岛式站台的优点

站台面积利用率高、能灵活调剂客流、方便乘客中途改变乘车方向、车站管理集中、站台空间宽阔，常用于客流量较大的车站。

2. 岛式站台的缺点

在明挖式施工时，车站两端线路可能产生喇叭口，运行状态差（进出站曲线）；当区间隧道双线集中布置时，横向扩展余地差；双向乘客上、下车对流干扰大。

（二）侧式站台

站台位于上、下行行车线路的两侧，这种站台布置形式称为侧式站台（见图1-4、图1-5）。

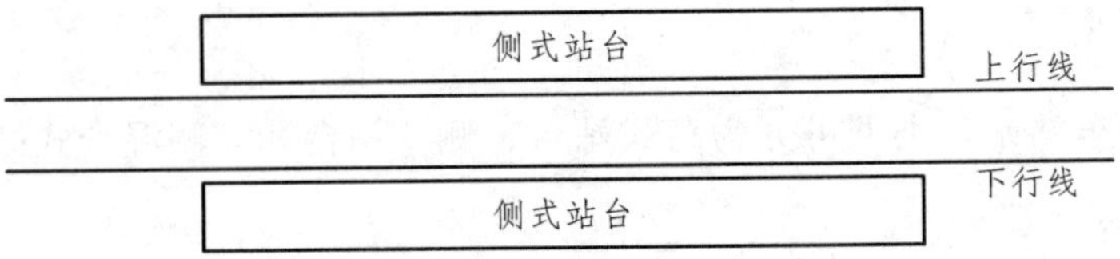

图 1-4　侧式站台平面示意图

图 1-5　侧式站台立体示意图

1. 侧式站台的优点

站台上、下行乘客可避免相互干扰；正线和站线间可不设喇叭口，造价低，改建容易。

2. 侧式站台的缺点

站台面积利用率低，不可调剂客流；中途改变乘车方向需经地道或天桥；车站管理分散；站台空间不及岛式站台宽阔，多用于两个方向客流量较均匀（或流量不大）的地下车站及高架车站。

（三）岛侧混合式站台

岛侧混合式站台是将岛式站台与侧式站台同设在一个车站内，具有这种站台形式的车站称为岛侧混合式站台（见图 1-6）。常见的岛侧混合式站台形式有一岛一侧式、一岛两侧式、两岛一侧式等。

岛侧混合式站台主要用于两侧站台换乘或列车折返，并设有道岔和信号联锁等设备，行车组织上增加了灵活度，通过不同站台同步接发列车，缩短了列车的行车间隔，提高了列车的运行效率。乘客可以在不同的站台上、下车，方便车站的客流组织。

站台形式的选择应结合线网规划、车站布局、投资比选等综合因素考虑。

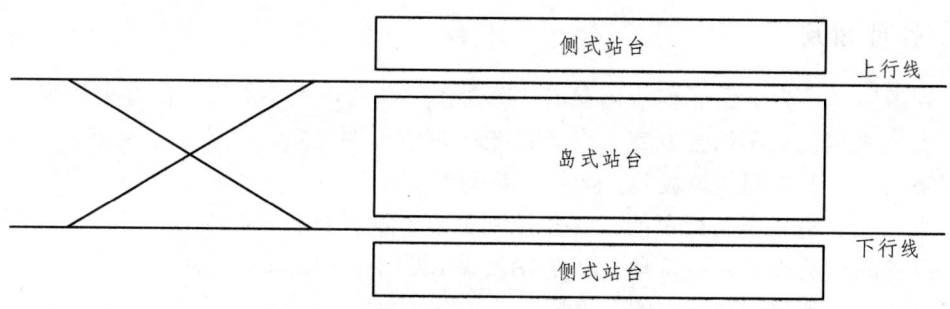

图 1-6　岛侧混合式站台平面示意图

二、站台长度

（1）站台长度由列车长度决定。

（2）站台上的人行楼梯和自动扶梯沿纵向均匀设置，同时还应满足站台计算长度内任一点距最近楼梯口或通道口的距离不得大于国家相关规定，其通过能力应满足事故疏散时间的要求。

（3）地下站台的长度一旦建成，基本无延长改建的可能，因此，在预测确定远期客流量后，需充分考虑足够的列车编组辆数，来保证较大的运输能力。

三、站台宽度

（1）站台宽度应满足高峰时段客流候车、集散的需要。
（2）站台总宽度由站台乘降区计算宽度、柱宽、楼梯宽度及自动扶梯宽度组成。
（3）为设计、建设及运行方便，一般确定为若干个等级宽度标准。

第三目　设备区

设备区主要设有设备用房和管理用房。

一、设备用房

（1）设备用房是安置各类设备、进行日常维修及保养的场所，是为了保证列车正常运行、保证车站内具有良好环境条件及在事故灾害情况下能够及时排除灾害的不可或缺的设备用房。

（2）设备用房包括通信工作室、信号工作室、继电器室，以及环控、照明、低压配电等系统相关设备用房。

二、管理用房

（1）管理用房是为了保证车站具有正常运营条件和营业秩序而设置的办公用房。

（2）管理用房包括车站控制室、设备系统值班室、票务室、站长室、会议室、更衣室、休息室、备品库、卫生间、垃圾间、清扫工具间等。

（3）车站控制室是车站行车的指挥和控制中心，设置有各类行车设备系统的操作终端，以及重要设备的车站级综合后备盘（简称IBP盘，见图1-7），其位置面向公共区（见图1-8），设置有观察窗，可观察到站厅内的客流情况（见图1-9）。

图1-7 车站控制室IBP盘

图1-8 车站控制室面向公共区

（a）

（b）

图1-9 车站控制室观察窗

第四目 出入口及通道

车站出入口及通道是客流大量集散的场所，乘客必须经过出入口和通道才能进出车站，实现乘坐列车的目的。

一、出入口

（一）设计原则

（1）车站出入口的设计以最大限度地吸引客流和方便客流集散为目的。车站出入口一般选在城市道路两侧岔路口（兼顾过街通道）及有大量人流的广场附近，也可设在火车站、公共汽车站、电车站附近，便于与地面客流的换乘；同时可以考虑与地面建筑物结合，设在地面建筑物（如商场、办公楼）内。

（2）车站出入口与城市人流路线有密切的关系，应合理组织出入口的人流路线，尽量避免相互交叉和干扰。

（3）地下车站的出入口通道还可以兼作人行过街设施。

（二）安全因素

出入口担负着车站与外界物理分隔的作用，因此必须设置卷帘门或安全门，以便实现车站封闭管理的要求。出入口在运营时间开启，便于乘客进出；在非运营时间关闭，防止无关人员随便进出，对车站安全构成威胁。

（三）数量与宽度

（1）出入口必须满足高峰时段客流和远期设计客流量的集疏需求，保证人流的有效流动。从消防疏散的角度考虑，一个车站出入口设置总数不得少于两个，且须预留其他出入口的缓建条件。

（2）每个通道和出入口宽度通常不得小于 2 m，净空高不得低于 2.5 m。

二、通道

城市轨道交通车站的出入口、站厅、站台之间以通道连通，通道可以由步行道、楼梯、自动扶梯等构成。通道的设计原则如下：

（1）车站出入口与站厅相连的通道长度不宜超过 100 m，超过时应采取能满足消防疏散要求的措施。通道宽度应满足远期客流集散的需求。

（2）地下出入口通道力求短、直，通道的弯折不宜超过三处，弯折角度不宜大于 90°。

（3）通道内需设置必要的照明和通风设施；通道内设置广告应注意内容简洁明快，以画面为主，避免过多的文字内容，以免乘客长时间驻足观看，影响人流通行效率。

（4）设置排水沟，以便处理雨水和墙体渗水等。

（5）通道内宜安装一定数量的摄像头，便于工作人员掌握客流通行情况；通道内还应设有一定数量和类别的导向标志,以引导乘客的出行。

第五目　车站附属建筑

车站附属建筑主要包括风亭及冷却塔。

(1)风亭是为地下车站及隧道提供通风、换气的设施,在地下车站或隧道发生火灾时还能送风和排烟。风亭按其功能不同分为活塞风亭、进风亭和排风亭。风亭一般为出地面的建筑结构,如图1-10所示。

(2)冷却塔的功能主要是为车站的环境控制系统提供散热。

图1-10　城市轨道交通风亭

第二节　车站与线路分类

第一目　车站的分类

车站根据其运营功能、站台形式或设置位置不同分为不同的种类。

一、按车站的运营功能划分

车站按其运营功能不同,可分为中间站、折返站、换乘站和终点站(见图1-11)。

(1)中间站仅供乘客上、下车之用,功能单一,是地铁路网中数量最多的车站,部分中间站也设有存车线和折返线,可供列车折返或停留。

(2)折返站是设有折返线路和相关行车设备的车站。

（3）换乘站是位于两条及两条以上线路交叉点上的车站。它除了具有中间站的功能外，更主要的是它还可以从一条线上的车站通过换乘设施转换到另一条线路上的车站。换乘站在城市轨道交通线网中起着重要作用，为乘客换乘其他线路的列车提供方便。

（4）终点站是设在线路两端的车站，就列车上、下行而言，终点站也是起点站（或称始发站）。终点站设有可供列车全部折返的折返线和设备，也可供列车临时停留检修。

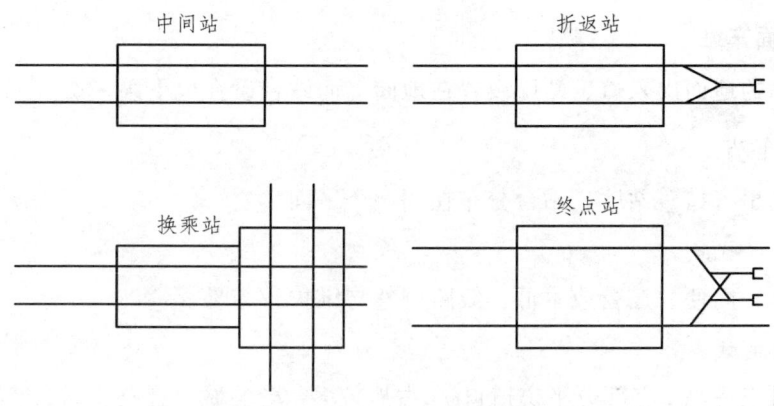

图 1-11　城市轨道交通车站示意图

二、按车站与地面相对位置划分

按车站与地面相对位置不同，车站可分为地下车站、半地面车站、地面车站和高架车站（见图 1-12）。

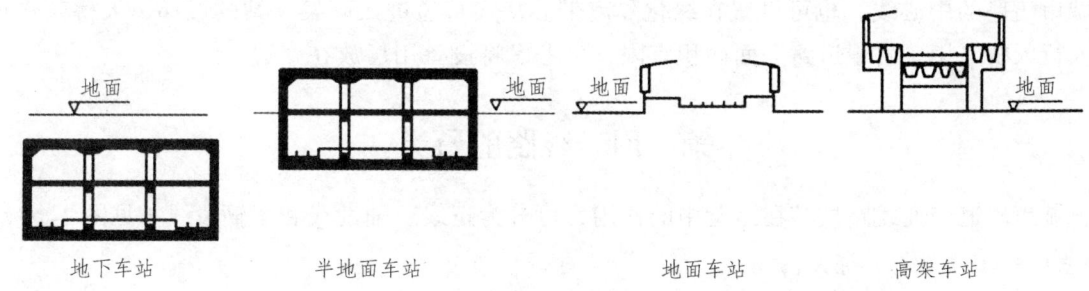

图 1-12　按车站与地面相对位置分类图

（一）地下车站

地下车站一般由地面出入口、中间站厅、地下站台 3 个主要部分组成。其出入口通道总数不得少于两个。

1. 地下车站的优点

与地面交通完全分离，且不占城市地面与地上空间，基本不受地面气候的影响。

2. 地下车站的缺点

运营成本较高，改造、调整与维护均较困难，由于建在地下，其工程造价高于其他 3 种类型的车站。

（二）半地面车站

半地面车站的地面出入口、站厅设置在地面，而站台设在地下第一层。

（三）地面车站

地面车站的出入口、站厅、站台分布在同一个平面。

1. 地面车站的优点

造价低、施工简便、运营成本低，线路调整与维护较容易。

2. 地面车站的缺点

运营速度难以提高（有部分平交道口），占地较多，影响城市道路交通，容易受气候影响，乘车环境难以改善，有一定负效应（如噪声、影响景观等）。

（四）高架车站

（1）高架线路一般位于中心城外，高架车站一般为地面出入口、地面或高架站厅、高架站台的两层或三层结构。

（2）高架车站位于地面上，建筑要和城市的风格、周围的环境相协调。高架线路一般建于城市道路的中心线，也可设置在绿化隔离带。从人行道进入高架车站的楼梯、天桥兼作过街人行天桥之用。由于道路上面面积有限，可考虑将设备用房放在路边。

第二目 线路的分类

城市轨道交通线路按其在运营中的作用，可分为正线、辅助线和车辆段线（见图 1-13）。

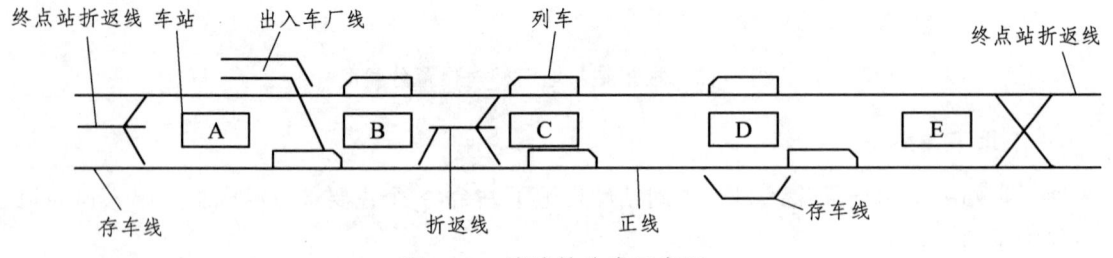

图 1-13 线路的分类示意图

一、正线

（1）正线是指连接车站并贯穿或直股伸入车站的线路。
（2）城市轨道交通系统的正线均采用上、下行分行，通常实施右侧行车。

二、辅助线

辅助线是为了保证正线正常运营以及合理调度列车而配置的线路。
辅助线按其性质可以分为折返线、渡线、联络线、存车线、出入段线、安全线。

（一）折返线

（1）折返线是供运营列车往返运行时调头转线及夜间存车而设置的线路。
（2）运营线路两端站必须设置折返线，中间站通常根据客流需要和列车交路合理设置折返线。
（3）通常折返线视不同的折返方法，可分为利用尽头折返线和利用渡线折返线。
① 利用尽头折返线，可分为单线折返与双线折返等不同布置方法，如图1-14所示。

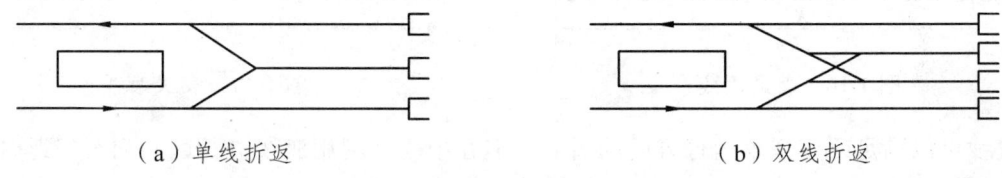

（a）单线折返　　　　　　　　　（b）双线折返

图 1-14　折返线

利用尽头线折返的方法，如双线折返，可明显降低折返时间，又可作备用存车线（停车线）供故障停车、检修、夜间停车等作业使用；同时，方便线路延伸，比较适合于地下结构的端点站以及线路较长或有延伸可能、土地不宜多占用的情况。
② 利用渡线折返是在站前或站后设置渡线，用以完成折返作业的布置方式（见图1-15）。

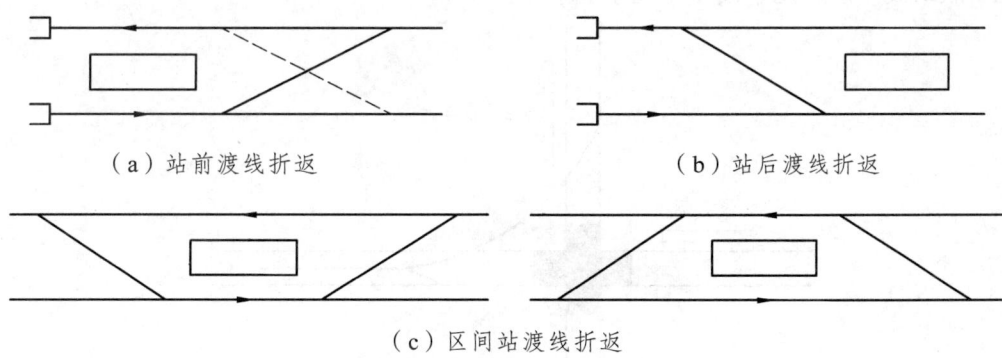

（a）站前渡线折返　　　　　　　　　（b）站后渡线折返

（c）区间站渡线折返

图 1-15　渡线折返示意图

利用渡线折返需要修建的线路量少，投资较少。然而，列车进出车站与折返作业有严重干扰。所以，列车运行速度较高、运行间隔时间较短、运量较大的线路不宜采用此类方法。

（二）渡线

（1）渡线是用道岔将上行线、下行线及折返线连接起来的线路。
（2）通常渡线可分为普通渡线（见图1-16）和交叉渡线（见图1-17）。

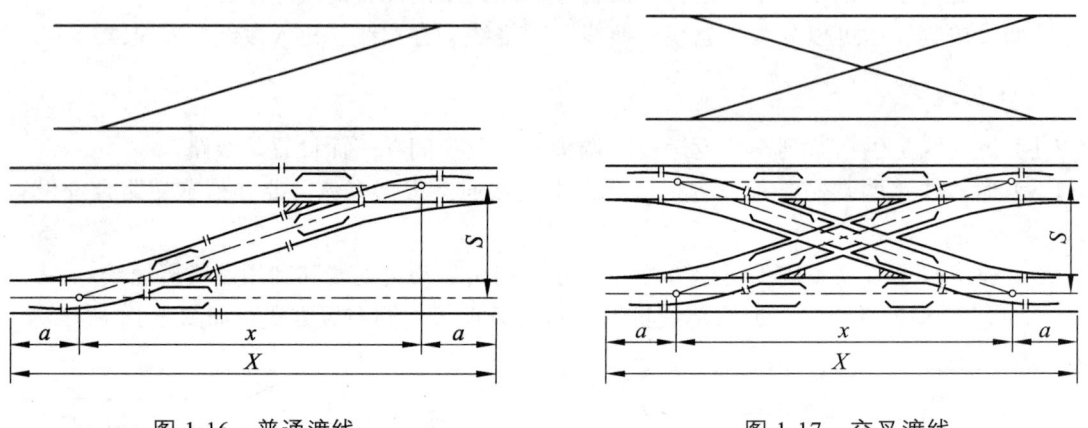

图1-16　普通渡线　　　　　　　　　图1-17　交叉渡线

渡线可以满足改变列车运行方向的需要，但在中间站利用渡线进行区间列车折返时，需占用正线进行作业，对列车的运行间隔影响大，导致线路通过能力下降。因此，只有在一些非正常情况下，才会采用渡线进行一些小交路的运行来作为列车运行的手段。

（三）联络线

（1）联络线是为沟通两条独立运营线路而设置的连接线，为两线列车过线服务。
（2）联络线一般采用单线（见图1-18）。

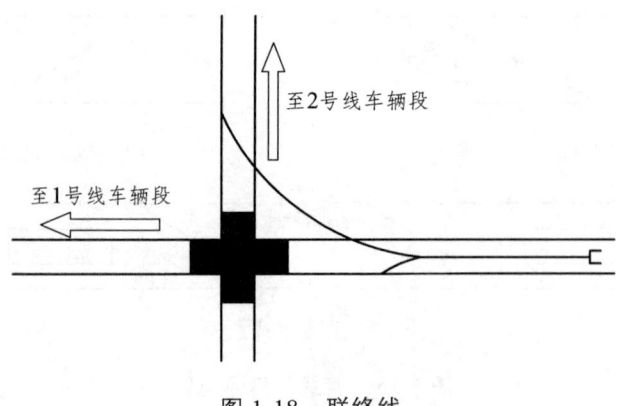

图1-18　联络线

（四）存车线

为了故障列车能尽快退出正线运营或备用车尽快投入运营，每间隔若干个车站应设置存车线，供故障列车临时停放、夜间存车或检修之用。

（五）出入段线

出入段线是正线与车辆段间的连接线，是车辆段与正线间的联络通道，供列车出入车辆段使用。

（六）安全线

安全线是为防止列车或机车车辆从一进路进入另一列车或机车车辆占用的进路而发生冲突的一种安全隔开设备。

三、车辆段线

车辆段线是指车辆段内场区作业、停放列车的线路，包括停车线、检修线、试车线、洗车线、牵出线等。

（一）停车线

停车线用于车辆的停放，其数量应满足该运营线路配属列车存放的要求。

（二）检修线

检修线是用于车辆各种不同修程的专用线路，一般设有检修坑道和维修平台。

（三）试车线

试车线是指对车辆进行动态性能试验的线路，其线路标准通常应与正线一致。

（四）洗车线

洗车线是指安装有洗车机的线路，用于车辆自动清洗。列车以低于 5 km/h 的速度通过洗车设备，完成车体的清洗作业。

（五）牵出线

牵出线是指用于场内列车转线作业的线路。

第三目　限界

为了确保机车车辆在轨道交通线路上运行的安全，防止机车车辆撞击邻近线路的建筑物和设备,而对机车车辆和接近线路的建筑物、设备所规定的不允许超越的轮廓尺寸线,称为限界。

限界分为车辆限界、设备限界和建筑限界。它们是根据车辆外轮廓尺寸及技术参数、轨道特性、各种误差及变形,并考虑列车在运动中的状态等因素,经科学分析计算确定的。

(一)车辆限界

车辆限界是车辆在正常运行状态下形成的最大动态包络线。客车、机车车辆无论空、重车状态,均不得超出车辆限界。

(二)设备限界

设备限界是用以限制设备安装的控制线,一切设备不得侵入设备限界。

(三)建筑限界

建筑限界是在设备限界的基础上,考虑了设备和管线尺寸后的最小有效断面。一切建筑物、设备在任何情况下均不得侵入地铁的建筑限界。

建筑限界分为圆形隧道建筑限界(见图1-19)、马蹄形隧道建筑限界、矩形隧道建筑限界、高架线及地面线建筑限界、车辆段车场线建筑限界等。

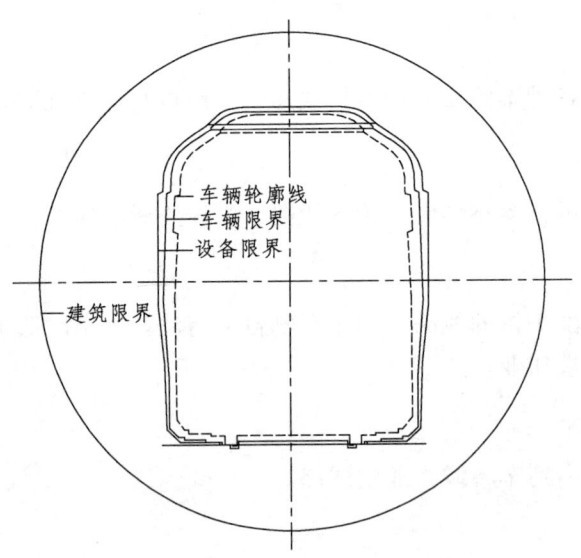

图1-19 区间直线区段圆形隧道限界图

复习思考题

1. 城市轨道交通车站一般由哪些部分组成？
2. 站台的分类及优缺点是什么？
3. 站台长度由哪些因素决定？
4. 车站设备区一般由哪些房间组合？
5. 车站控制室的作用是什么？
6. 车站出入口的设计原则是什么？
7. 通道的组成及设计原则是什么？
8. 车站按运营功能和车站与地面相对位置分别可分为哪些车站？
9. 线路按其在运营中的作用可分为哪些？
10. 限界的定义及分类是什么？

第二章　车站设备认知

【本章学习重点】

　　车站设备包括设置于车站内的信号系统、通信系统、主控系统、给排水系统、屏蔽门系统、供电系统、环控系统、电梯系统、消防系统、自动售检票系统、门禁系统、防淹门系统、环境与设备监控系统等设备。

　　通过本章内容的学习，可以对车站运作设备的功能、作用、组成、应用等进行全面掌握，从而促使后续工作的开展和推行。

第一节　行车设备

第一目　轨道与道岔组成

一、轨道

城市轨道交通轨道由钢轨、轨枕、连接零件、道床等组成。

（一）钢轨

钢轨用于引导机车车辆的车轮前进，承受车轮的巨大压力，并将压力传递到轨枕上。钢轨必须为车轮提供连续、平顺和阻力较小的滚动表面。在部分车辆段，钢轨还可兼作轨道电路之用。

（二）轨枕

轨枕的功用是支承钢轨，保持轨距和方向，并将钢轨对它的各种压力传递到道床上。

（三）连接零件

钢轨连接分为中间连接和接头连接两类。中间连接为钢轨与轨枕之间的连接，通常称为扣件。接头连接是将两根钢轨之间用接头夹板连接。

（四）道床

道床是轨枕的基础。隧道内的道床一般采用混凝土整体道床；高架线路可采用整体道床，也可采用碎石道床;地面一般采用碎石道床,对路基进行强度处理。城市轨道交通中正线及辅助线多为整体道床,车辆段多为碎石道床和整体道床。

二、道岔

道岔是一种使机车车辆从一股道转入或越过另一股道的线路设备,是轨道的一个组成部分,也是轨道的薄弱环节之一。道岔由基本轨、尖轨、导曲线轨、辙叉及护轨、翼轨、转辙机、连接部分组成(见图 2-1)。

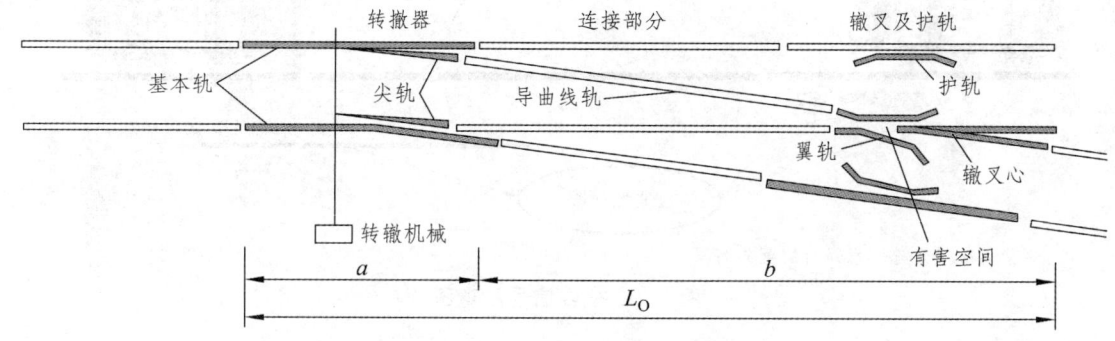

图 2-1 普通单开单转辙机道岔示意图

第二目 信号系统

一、行车组织方法

地铁行车组织方法有移动闭塞法、固定闭塞法、电话闭塞法。

(一)移动闭塞法

(1)闭塞分区:没有固定的闭塞分区,列车运行闭塞分区的终端(移动授权)由前一列列车在线路上的运行位置、运行状态等因素确定,并随前列车位置变化而实时地发生改变,信号系统通过轨旁设备向后续列车发送移动授权信息,该移动授权点在运行线路上是连续、实时变化的。

(2)行车凭证:车载信号。车载信号示意图如图 2-2 所示。

(二)固定闭塞法

(1)闭塞分区:在固定闭塞模式下,进路建立后,从一架信号机(始端)到另一架同向信号机(终端)之间的区域即为一个闭塞分区,正常情况下只允许一列列车在此闭塞分区内运行。

(2) 行车凭证：地面信号。

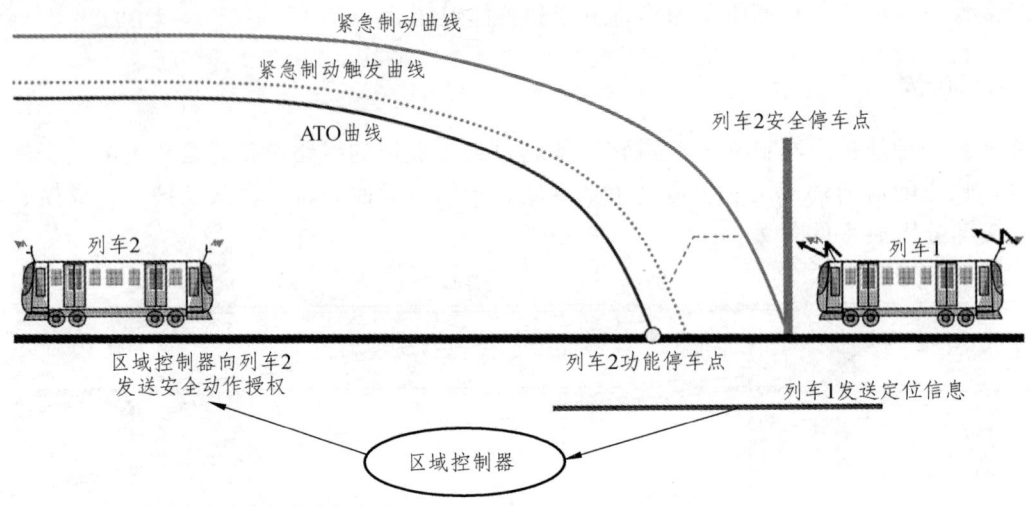

图 2-2　车载信号示意图

(三) 电话闭塞法

(1) 闭塞分区：相邻两站运行方向头端站界标之间即为一个电话闭塞区段，一个闭塞区段内只允许有一列列车运行。

(2) 行车凭证：路票。路票示意图如图 2-3 所示。

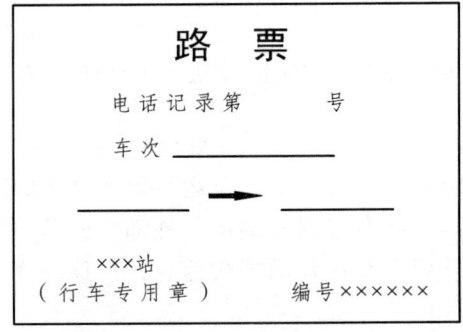

图 2-3　路票示意图

二、信号系统组成

(1) 城市轨道交通的信号系统是列车运行的神经中枢，是城市轨道交通的主要技术装备，它担负着指挥列车运行、保证行车安全、提高运输效率的重要任务。

(2) 城市轨道交通的信号系统通常由列车运行自动控制系统（ATC）和车辆段信号控制系

统两大部分组成，主要用于列车进路控制、列车间隔控制、调度指挥、信息管理及维护管理等。

成都地铁1号线正线信号系统采用基于无线通信技术的移动闭塞制式（CBTC）列车自动控制系统，同时还提供了在连续式列车自动保护系统（ATP）功能丧失情况下的点式ATP和联锁控制级列车防护系统，支持CBTC列车和非CBTC列车的安全混运。信号系统包括列车自动控制系统（ATC）、列车自动监控系统（ATS）、数据通信系统（DCS）、信号维护支持系统（MSS）、计算机联锁（CI）五个子系统。

（3）信号系统提供CBTC、后备（BM）和联锁3个控制等级，CBTC、后备（BM）和联锁控制级之间的相互转换由系统自动进行。

① CBTC控制级——完整的系统操作和性能，提供移动闭塞安全列车间隔和保护，全功能的车载ATP/ATO，支持ATB（自动折返模式）、ATO-CBTC、ATP-CBTC、RM（限制人工驾驶模式）、NRM（非限制人工驾驶模式）5种驾驶模式。

② BM控制级——降级的系统操作和性能，提供正方向的车载超速防护、信号灯冒进防护，支持ATO-BM、ATP-BM、RM、NRM 4种驾驶模式。

③ 联锁控制——最低等级的系统操作和性能，提供固定闭塞列车间隔和联锁防护，支持RM、NRM两种驾驶模式。

（4）车辆段信号设备采用计算机联锁系统。

（5）区域控制器（ZC）为区域内的列车提供移动授权，并在不同线路上分区域进行设置及控制。

第三目　城市轨道交通车辆

地铁车辆有动车和拖车、带司机室车和不带司机室车等多种形式，通过编组保证所编列车首尾两节车（全列车首尾两端）均带有司机室，中间各节车之间均为贯通，方便乘客沿全列车随意走动，使乘客在全列车中均匀分布，也有利于在列车发生意外事故时让乘客有秩序地沿此通道经司机室前端安全门撤离。

地铁车辆按车辆规格可分为A、B、C等车型，以成都地铁部分现有车型为例。

一、6节编组A型车

6节编组A型车由两个单元电动车组编成，每个单元车采用2动1拖的编组形式，即+T_C—M_P—M_1—M_2—M_P—T_C+。"T_C"车为带有一个司机室的拖车，"M_P"车为装有受电弓的动车，"M_1和M_2"车为无受电弓的动车，"+"为半自动车钩，"—"为半永久牵引杆。

（1）T_C车长度为24.40 m，M_1、M_2、M_P车长度为22.80 m，车辆最大宽度为3.0 m，高度为3.84 m，列车总长度为140 m。每辆车有10对客室门，门开宽度为1.4 m，车门高度为1.86 m。驾驶室两侧设有驾驶室侧门，后端设有通往客室的通道门。

（2）客车在正线线路的最高运行速度为 80 km/h。

（3）客室定员：由于线别不一，客车的定员有所差异，下面以成都地铁 7 号线为例（见表 2-1）。

表 2-1　成都地铁 7 号线 A 型车定员

序号	缩写	定义	每车乘客数/人	列车乘客数/人
1	AW1	座客载荷	T_C/M_P：48；M_1/M_2：45	282
2	AW2	定员载荷（6 人/m²）	T_C：295；M_P：309；M_1/M_2：310	1 828
3	AW3	超员载荷（9 人/m²）	T_C：415；M_P：440；M_1/M_2：443	2 604

二、6 节编组 B 型车

6 节编组 B 型车由两个单元电动车组编成，每个单元车采用 2 动 1 拖的编组形式，即+T_C—M_P—M_1—M_2—M_P—T_C+。"T_C"车为带有一个司机室的拖车，"M_P"车为装有受电弓的动车，"M_1 和 M_2"车为无受电弓的动车，"+"为半自动车钩，"—"为半永久牵引杆。

（1）T_C 车长度为 19.86 m，M_1、M_2、M_P 车长度为 19.00 m，车辆最大宽度为 2.8 m，高度为 3.82 m（车顶距轨面高度为 3.80 m），列车总长度为 119.08 m。每辆车有 8 对客室门，门开宽度为 1.302 m，车门高度为 1.85 m。驾驶室两侧设有驾驶室侧门，后端设有通往客室的通道门。

（2）客车在正线线路的最高运行速度为 80 km/h。

（3）客室座位纵向布置，T_C 车有 36 座，M_1、M_2、M_P 车有 42 座，客车的定员如表 2-2 所示。

表 2-2　B 型客车定员

序号	缩写	定义	每车乘客数/人	列车乘客数/人
1	AW1	座客载荷	T_C：36；$M_1/M_2/M_P$：42	240
2	AW2	定员载荷（6 人/m²）	T_C：230；$M_1/M_2/M_P$：250	1 460
3	AW3	超员载荷（8 人/m²）	T_C：290；$M_1/M_2/M_P$：325	1 880

第四目　站台门

一、站台门定义

站台门：设置在站台边缘，由滑动门、固定门、应急门、端门组成连续屏障，将乘客候车区与列车运行区相互隔离，其中滑动门与列车门相对应，可多级控制开启与关闭。站台门有全高、半高和密闭、非密闭之分，是屏蔽门和安全门的统称（见图 2-4）。

通常站台门根据一定原则进行编号，以成都地铁为例，同电客车运行方向，头端第一道滑动门编号为1#滑动门，依次顺序编号；头端第一道应急门编号为1#应急门，依次顺序编号。

（a）

（b）

图2-4　站台门示意图

二、站台门组成

站台门系统中的框架玻璃门由滑动门（PSD）、应急门（EED）、固定门（FIX）、端门（MSD）构成（见图2-5）。

图2-5　屏蔽门的滑动门、应急门、固定门、端门

（一）滑动门（PSD）

（1）滑动门是与列车车门一一对应的滑动开启门，是正常运营时乘客上、下车的通道，通常有系统级、站台级、手动操作3种模式，手动操作优先级最高，其次为站台级控制。其中，手动操作屏蔽门就地控制盒（LCB）有4个挡位，即自动、隔离、开门、关门（见图2-6）。

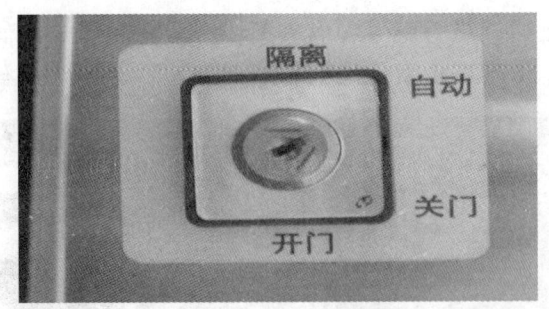

图 2-6　屏蔽门就地控制盒（LCB）

（2）LCB 有 4 种操作模式："自动"位，此时该道滑动门接收信号系统（SIG）、就地控制盘（PSL 盘）或综合后备盘（IBP 盘）的控制指令自动进行开、关门作业；"隔离"位：此时该道滑动门不再执行信号系统（SIG）、PSL 盘或 IBP 盘的控制指令，但其安全回路未被旁路；"关门"及"开门"位：此时该道滑动门不再执行来自信号系统（SIG）、PSL 盘或 IBP 盘的控制指令，用于就地关闭或打开滑动门，且其安全回路被旁路。

（3）滑动门上设有手动解锁装置（见图 2-7），紧急情况时，乘客可从轨道侧手动开门；另外，工作人员可从站台侧用钥匙解锁开门（见图 2-8）。

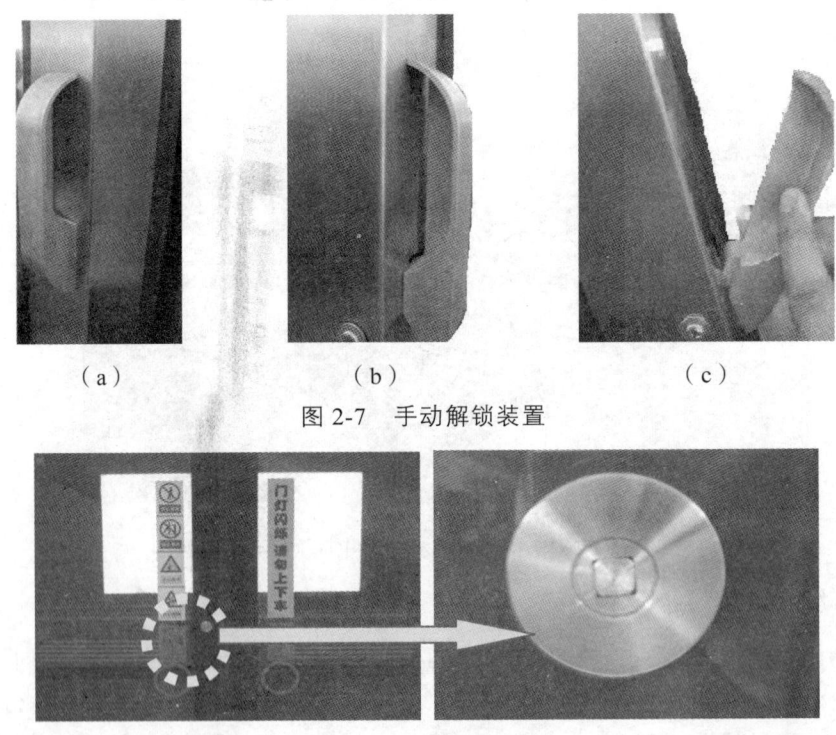

（a）　　　　　　（b）　　　　　　（c）

图 2-7　手动解锁装置

图 2-8　钥匙解锁

（二）应急门（EED）

正常运营时，应急门保持关闭且锁紧，作为站台公共区与隧道区域的屏障。当列车进站无法对准滑动门时，应急门作为乘客的疏散通道，并安装有紧急推杆锁，可向站台侧旋转开启且可90°定位（见图2-9）。

（a）

（b）

图2-9 应急门示意图

（三）固定门（FIX）

固定门为不可开启的门体，设置在滑动门与滑动门（见图2-10）、滑动门与端门（见图2-11）之间，是车站与区间隧道隔离和密封的屏障。固定门由钢化玻璃、门框等构成，门框材料采用铝合金型材，固定门高度与滑动门一致。

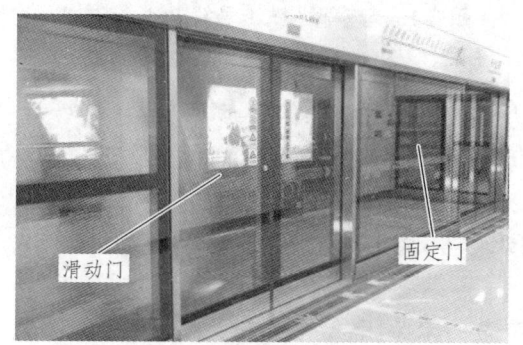

图2-10 滑动门与滑动门之间

图2-11 滑动门与端门之间

（四）端门（MSD）

（1）端门布置于站台两端，与站台边屏蔽门垂直，结构与应急门基本一致，安装有紧急推杆锁。

（2）正常运营时，端门保持关闭且锁紧，当列车在区间隧道发生火灾或故障时，作为乘客的疏散通道，也是车站工作人员进入隧道的专用门。端门可向站台侧旋转90°平开，且在打开后能自动复位关闭。

(五) 门头灯

通常滑动门上设有门头灯 (见图2-12),其颜色具有特定含义。成都地铁门头灯显示红色表示门未关闭和锁紧。

(六) PSL 控制盘

在站台门两端设置 PSL 控制盘 (见图2-13),以实现对整侧站台门的控制功能,控制盘上各个按钮具有不同的功能,发生应急情况时,进行相应操作。

图 2-12 门头灯示意图

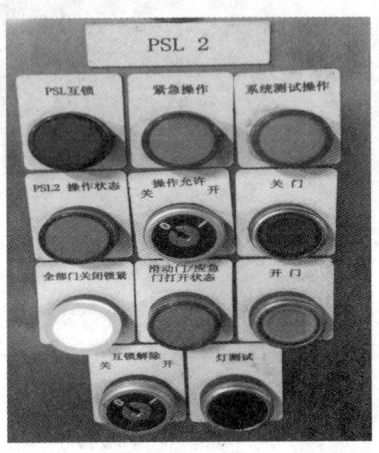

图 2-13 成都地铁 1 号线 PSL 控制盘示意图

①灯测试:测试所有按钮灯是否能正常显示。

②开门:将钥匙插入"操作允许"并转至"开"位,此时"操作状态"灯显示黄灯,"关闭锁紧"灯显示绿灯,点击"开门"按钮,所有屏蔽门打开,PSL 盘"门打开状态"显示黄灯,代表屏蔽门已开启。

③关门:按压"关门"按钮,所有屏蔽门关闭,"全部门关闭锁紧"灯显示绿灯,代表屏蔽门已关闭且锁闭。

④互锁解除:操作"互锁解除"时,即使有屏蔽门未关闭,"全部门关闭锁紧"灯未显示绿灯,但满足条件后,也可操作互锁解除,"全部门关闭锁紧"灯便会显示绿灯。

第五目 紧急停车按钮

一、紧急停车按钮的作用

(1) 紧急停车按钮用于轨行区有异物影响行车安全,站台发生紧急情况危及人身安全或屏蔽门与车门之间夹人、夹物等情况时,车站工作人员可以紧急按压让列车停止运行。通常紧急停车按钮设置在车站站台，每侧站台各有两个紧急停车按钮（见图2-14）。

图 2-14　紧急停车按钮

二、按压紧急停车按钮的影响范围

以成都地铁1、2、3、4号线为例，车站按压紧急停车按钮后，影响范围如表2-3所示。

表 2-3　按压紧急停车按钮的影响范围

轨道线路	岛式站台				侧式站台				特殊站台			
	1号线	2号线	3号线	4号线	1号线	2号线	3号线	4号线	1号线	2号线	3号线	4号线
非CBTC列车	影响按压侧本站出站信号机(包括反向出站信号机)及所有能排进路至该侧站台的进路始端信号机				影响本站双侧出站信号机(包括反向出站信号机)及所有能排进路至本站双侧站台的进路始端信号机				升仙湖、广都：岛式折返站影响双侧	中医大：作为2、4号线同站台换乘站，侧式站台只影响单侧；龙泉驿：岛式折返站影响双侧	军区总医院、春熙路：中间有隔断的侧式站台只影响单侧	中医大：中间有隔断的侧式站台只影响单侧
CBTC列车未进站	本侧列车以进站口为目标停车点，如果超速，实施紧急制动；如果没有超速，在进站口自动停车				双侧列车以进站口为目标停车点，如果超速，实施紧急制动；如果没有超速，在进站口自动停车							
CBTC列车进站过程中	本侧列车实施紧急制动				双侧列车均实施紧急制动							
CBTC列车已停在站台	本侧列车紧急制动不缓解				双侧列车紧急制动不缓解							
CBTC列车未完全离开站台	本侧列车实施紧急制动				双侧列车均实施紧急制动							
CBTC列车完全出清站台	对单侧列车无影响				对双侧列车无影响							

注：表中所述"影响"包括已开放的信号会关闭、未开放的信号不能开放。

第二节 票务设备设施

第一目 自动售检票系统（AFC）

一、AFC 定义

自动售检票系统（AFC）是指交通管理部门（如城市轨道交通）中用于自动售票、自动检票、自动统计、自动结算的一系列设备所构成的系统。

二、AFC 功能

自动售检票系统（AFC）的主要功能：实现轨道交通车票的售票、检票、计费、收费、统计、结算、清分的自动化管理。

三、AFC 组成

（1）自动售检票系统主要由中央计算机系统、车站计算机系统、终端设备和车票四部分组成。

（2）以成都地铁为例，AFC 系统可分为 5 个层级，分别为轨道交通清分中心、线路中心计算机系统、车站计算机系统、车站 AFC 终端设备和车票层。

（一）中央计算机系统

中央计算机系统由中央主机、各操作工作站、报表工作站、远程维修工作站、计算机网络设备及 UPS 不间断电源等组成。中央计算机系统是 AFC 系统的核心，实现对 AFC 系统内的所有设备的监视、控制，实现系统运作、收益及设备维护集中管理功能，实现对系统数据的集中采集、统计及管理功能，提供系统主时钟，并且提供与外部系统的数据交互接口。

（二）车站计算机系统

车站计算机可以监控车站内的自动售票机，非自动售票机，进、出闸机等车站设备的运行状态，对票务收益和客流量进行统计，生成及打印各类报表，同时向中央计算机发送各种设备的运行状态、票务收益和客流信息，并接收中央计算机下达的运营参数。

（三）终端设备

站务人员主要掌握的是 AFC 终端设备，AFC 终端设备包括自动检票机（闸机）、自动售票机、半自动售票机和验票机等。

1. 自动检票机（AGM）

（1）自动检票机（AGM）又称闸机，安装在付费区和非付费区的分隔带上。

（2）闸机按照通过方向分类，可分为进站闸机、出站闸机、双向闸机（含宽通道闸机）。

（3）闸机根据通道宽度分类，可分为标准通道闸机和宽通道闸机（满足残疾人或携带大件行李的乘客通行）两大类（见图 2-15）。

图 2-15　闸机示意图

（4）闸机根据开启部件分类，可分为转杆式闸机（见图 2-16）、剪式扇门闸机（见图 2-17）和拍打式扇门闸机（见图 2-18）。

 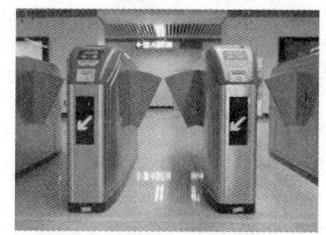 

图 2-16　转杆式闸机　　　　图 2-17　剪式扇门闸机　　　　图 2-18　拍打式扇门闸机

（5）自动检票机的主要功能：对各类车票进行读写操作和合法性确认，自动完成进出站检票、计费、扣费操作。

（6）自动检票机（闸机）主要由扇门、非接触式 IC 卡读写器、乘客显示器、优惠票指示灯、高度传感器、通行传感器、单程票回收装置和方向指示器等构成（见图 2-19）。

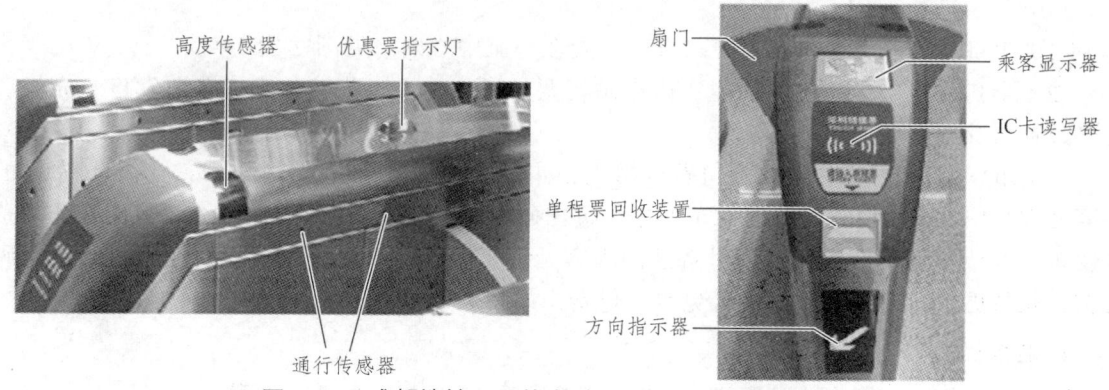

图 2-19　成都地铁 1 号线自动检票机（闸机）的构成

2. 自动售票机（TVM）

（1）自动售票机安装在非付费区，用于发售单程票，可接收硬币、纸币（见图 2-20）。

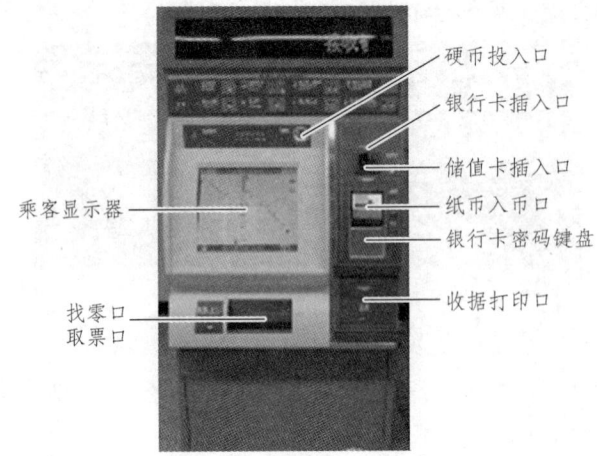

图 2-20　某型号自动售票机

（2）TVM 的乘客显示器安装在 TVM 前面板的乘客操作范围内，用于显示有关购票操作信息。

（3）购买单程票的支付方式：

① 支持现金（硬币或纸币）支付方式购买单程票，并且按需要进行找零；

② 支持储值卡支付方式购买单程票；

③ 部分地铁支持微信、支付宝等电子支付方式。

（4）储值卡加值的方式：

① 支持现金（纸币）支付方式向储值卡加值；

② 支持银行卡支付方式向储值卡加值。

3. 半自动售票机（BOM）

（1）半自动售票机又称人工售票机，安装在客服中心内（见图 2-21）。

（2）半自动售票机的主要功能：由车站售票员操作，人工收费，完成车票发售、充值、退票、补票及查询等工作。

（3）BOM 有两种操作模式：付费区模式和非付费区模式。非付费区模式是给非付费区的乘客处理车票，在该模式下可以对车票进行进出码更新、发售和加值，故 BOM 只能在非付费区发售单程票。付费区模式是给付费区的乘客处理车票，在该模式下可以对车票进行进出码更新、超乘更新、超时更新、发售免费、付费出站票和加值。

4. 验票机

（1）验票机分为固定式验票机（TCM）和便携式验票机（PCA）两种。

（2）固定式验票机（TCM）（见图2-22）安装在非付费区，其主要功能是用于乘客自助式查询车票的相关信息，包括车票金额、有效期、卡号和近期交易记录等。

（3）便携式验票机（PCA）（见图2-23）的主要功能是供票务及稽查人员使用，以方便其随时随地查验乘客车票。

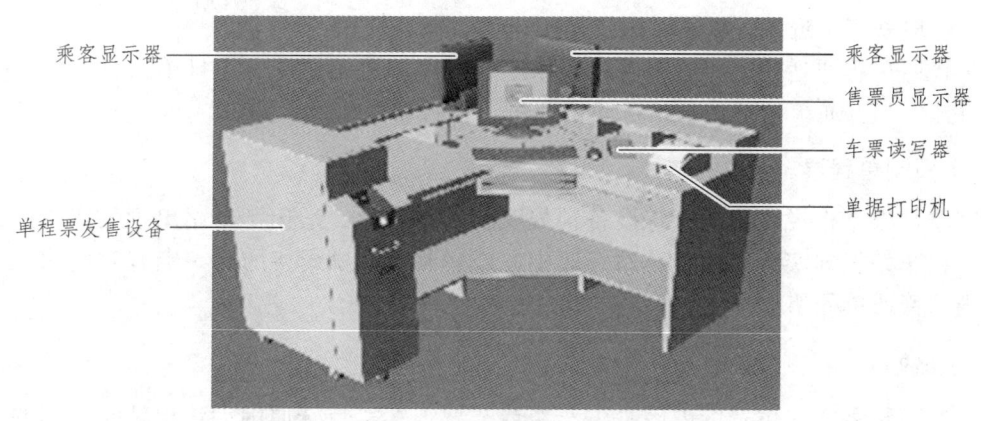

图 2-21　半自动售票机（BOM）

图 2-22　固定式验票机（TCM）

图 2-23　便携式验票机（PCA）

第二目　车票

为实现乘客顺利出行，各城市轨道交通系统均根据自身特点发售不同的车票，以成都地铁为例，目前成都地铁发行的轨道交通专用车票包括单程票、出站票、预制票、纪念票、地铁专用卡、测试票；根据市场及乘客需要，还可发行一日票、三日票、五日票、计次票、优惠票及其他预留票种。成都地铁第三方公司发行的储值票包括天府通卡（普通卡、学生卡、老年卡）、金融IC卡。下面以成都地铁车票为例进行详细介绍。

一、车票分类

（一）普通单程票

（1）普通单程票是指乘客以一定金额购得一次运营乘行服务承诺，只可以进行一次进站和一次出站，且乘行与车费对应或以内车程的车票。普通单程票只在当日运营时间内有效，乘客在所购地铁车站进入，出站时由出站闸机回收循环使用。

（2）普通单程票适用于所有乘客，仅限于在发售站进站使用，当日单人、单次、限时出站，不可挂失。普通单程票在车站自动售票机、半自动售票机上发售。

（二）预制单程票

预制单程票是指经过编码分拣设备预先赋值的单程票，适用于车站出现大客流或其他特殊情况时，车站根据实际情况在车站客服中心或者临时票亭出售的有一定有效期的车票。其使用规则同普通单程票。

（三）出站票

出站票是指乘客在付费区内因丢失车票或车票损坏等特殊原因无法出站时使用的车票，在车站客服中心由售票员按票务处理规定发售。出站票在发售后的当日限定时间内，在本站供单人、单次出站使用，且在出站时由出站闸机回收循环使用。

（四）纪念票

（1）纪念票是指在特定时期内发行的具有纪念意义、可供收藏的车票。乘客乘坐地铁，在进站闸机上刷卡进站，出站时由出站闸机根据计价规则扣除乘车费用后放行出站。

（2）纪念票在出站检票时不被回收，且不能充值。纪念票可分为定值纪念票与计次纪念票。

① 定值纪念票。

定值纪念票是指存有一定余额的纪念票，在有效期内，单人、扣值使用，发售后不退卡，不充值，不挂失。

② 计次纪念票。

计次纪念票是一种被赋予固定乘次许可，在有效期内，单人、扣次使用，发售后不退卡，不充值，不挂失。

（五）地铁专用卡

（1）地铁专用卡是由相应轨道交通公司内部发行的，为直接从事轨道交通监督管理、运营、服务及维护等工作的人员配发的可进出付费区、乘车或进出带门禁的区域和设备及管理用房的有效凭证。以成都地铁为例，地铁专用卡分为员工卡、公安卡、通行卡、见习卡和外服卡。

（2）区域外服卡是由公司内部发行的，非地铁公司员工从事运营维保、临管、生产辅助或直接服务于地铁，出入频繁的人员乘车、进出付费区域或进出带门禁的区域的有效凭证。

区域外服卡分为线路外服卡、线网外服卡。

① 线路外服卡。

线路外服卡仅能乘坐成都地铁运营范围内的某一条地铁线路，无法跨线路使用。

线路外服卡的发放对象如下：

a. 合同中约定的维保范围仅在某一条线路，或仅在某一条线路内的多个站点从事维保服务的外服单位人员；

b. 合同中约定的维保范围虽涉及多条线路，但实际工作地点仅在某一条线路内的维保人员。

② 线网外服卡。

a. 线网外服卡可以乘坐两条或两条以上的地铁线路，可以跨线路使用。

b. 线网外服卡的发放对象：原则上为合同中约定的维保范围涉及全线网，且实际工作地点为线网各站点的维保人员。

（六）测试票

测试票是仅用于对 AFC 系统进行性能测试、维修测试和系统新功能开发测试的特殊车票，只能在 AFC 设备被设置为允许接收测试票时方可使用。测试票也可用于培训目的，在 AFC 培训系统上使用。测试票可以是其他所有票种。

（七）第三方公司发行的车票

（1）第三方公司发行的车票在轨道交通路网中作为储值票使用。储值票是指预存有一定票款金额的可乘坐地铁的车票，在有效期内可重复充值使用。乘客乘坐地铁，在进站闸机上刷卡进站，出站时由出站闸机根据票价表扣除乘车费用后放行出站，车票不被回收。

（2）天府通普通卡、金融 IC 卡限单人使用、限时出站，出站不回收，可反复充值，不挂失。

（3）天府通学生卡适用于年龄在 18 周岁以下的中、小学生，限本人使用、限时出站，出站不回收，可反复充值，不挂失。

（4）天府通老年卡适用于年满 70 周岁的老年人，限本人使用，出站不回收，可反复充值，不挂失。

二、票制制定

目前，世界上轨道交通的费用计算一般是由服务目标环境和轨道交通路网的分布形式来确定的，比较典型的票制有单一票制、计程票制和综合票价制。

（一）单一票制

单一票制是指无论运营里程的长短，全轨道交通系统都按统一票价核收。这种计价方式适用于小规模或公益性较高的轨道交通网络，乘客使用方便，运营公司操作简单，但不能体现乘距与费用的关系，在运营成本与乘车费用的关系上有一定的不合理性。

（二）计程票制

（1）计程票制是指按乘客乘坐列车距离的远近，划分不同的票价等级。计程票制又可分为按区间分段计价和按里程计价两种。

（2）按区间分段计价是指按乘客乘坐的车站数量实行多级票价，根据设定的基本起步价、起价区间、每个计价段所包含的区间数、每一计价段价格等进行票价的计算。按里程分段计价是指按乘客乘坐的运营里程长短实行多级票价，根据设定的基本起步价、起价里程、每个计价段所包含的里程数、每一计价段价格等进行票价的计算。

（3）这种价格适用于长距离运输，对于较高频率出入系统的乘客不太经济。如果这种方式用于城市轨道交通系统，将会导致系统的设备和管理变得相当复杂。

（三）综合票价制

综合票价制是综合考虑乘客运距、乘客占用收费区时间、乘坐时间段（如节假日与工作日，高峰与低谷等）等因素核算不同的票价等级。

三、车票计费规则

（1）普通单程票、预制单程票按基本票价计费。

（2）成都市天府通。

① 天府通普通卡使用电子钱包，按基本票价9折计费。

② 天府通学生卡使用电子钱包，按基本票价5折计费。

③ 天府通老年卡：非高峰时段凭老年卡乘坐地铁，每次乘车扣除免费次数3次。高峰时段内乘车按基本票价9折计费。（注：乘车高峰时段指工作日的7:30—9:00及17:30—19:00，以进站时间为准。节假日全天视同非高峰期。）

（3）金融IC卡使用电子钱包，按基本票价计费。

（4）纪念票：计次纪念票按次数计费，每乘次扣除1次；定值纪念票按基本票价计费，享受尾程优惠。

（5）如持伪造的优惠乘车证件或者冒用他人优惠乘车证件乘车，或者车票使用者的身份与该车票种类及所示信息不符的，没收所持车票，加收线网单程最高票价五倍票款。恶意逃票者，如拒绝补票，交由地铁公安分局依法处理。伪造车票，篡改、删除车票信息资料的，没收所持车票，交由地铁公安分局依法处理。

第三目　票务钥匙、票务备品、台账报表

（1）票务钥匙指票务工作中使用的钥匙，主要是指车站 AFC 设备钥匙、票务备品钥匙、车站"票务中心"（"客服中心"）房门钥匙、车站票务管理室房门钥匙及保险柜钥匙。根据票务设备不同，钥匙种类不尽相同，车站需统一管理。以成都地铁 1 号线为例，票务钥匙种类及责任、保管位置见表 2-4。

表 2-4　票务钥匙种类及责任、保管位置

类　别	钥匙名称	备用钥匙保管处
票务用房钥匙	车站"票务中心"门钥匙	保险柜
	票务管理室门钥匙	站长室
柜门钥匙	保险柜钥匙	站长室
	密码柜钥匙	保险柜
	密码柜应急钥匙	站长室
设备门钥匙、设置钥匙	维修门钥匙（BOM、AGM、TCM 通用）	保险柜
	票箱钥匙（TVM、BOM、AGM 通用）	保险柜
	AGM 维护门钥匙	保险柜
	TCM 门钥匙	保险柜
模块钥匙	票箱钥匙（TVM、BOM、AGM 通用）	保险柜
	TVM 纸币找零钱箱、TVM 纸币废币箱钥匙	保险柜
	TVM 纸币钱箱钥匙	保险柜
	TVM 纸币钱箱安装锁钥匙	保险柜
	TVM 硬币钱箱钥匙	保险柜
	TVM 硬币回收钱箱安装钥匙	保险柜
	TVM 硬币回收钱箱管理锁钥匙	保险柜
其他	BOM 抽屉式钱箱钥匙	保险柜
	车票回收箱钥匙	保险柜
	钥匙盒钥匙	站长室
	废票盒钥匙	保险柜
	票务文件柜钥匙	保险柜

（2）票务备品包括钱箱（含 TVM 的纸币钱箱、硬币钱箱、补币箱）、定制票盒、票箱（含 TVM、AGM 和 BOM 的储票箱、废票箱）、车票回收箱、便携式验票机、点钞机、验钞机、点币机、点票机、售票盒、币托、票袋、票柜、保险柜、票务手推车等用于车站票务运作（周转、存放、清点、运输、储票箱加取票操作）的工器具，如表 2-5 所示。

表 2-5　票务备品种类

类　别	票务备品名称
设备模块	钱箱（含 TVM 的纸币钱箱、硬币钱箱、补币箱）、票箱（含 TVM、AGM 和 BOM 的储票箱、废票箱）
配送件、耗材	定制票盒、票袋、钱袋、信封、封条、配收袋、配票箱、车票回收箱、售票盒、币托
储存、装载设备	票柜、保险柜、票款封包、票务手推车
机具	便携式验票机、点钞机、验钞机、点币机、点票机、计算器

（3）票务报表是用图、表等格式定期或不定期分析上报地铁票务各项相关数据的表册，含纸质和电子报表。票务报表包括收益管理系统打印报表、中央票库系统打印报表、车站票务系统打印报表、报表系统打印报表、车站填制的上交收益组审核纸质票务报表等。

（4）票务台账是按时间顺序用特定的表格格式将分散的票务原始记录资料进行集中登记、汇总的表册或明细记录表，含纸质和电子台账。票务台账包括收益组票务台账、票卡组票务台账和各专业台账。

第三节　服务及导向设备

第一目　导向标识系统

一、导向标识定义

（1）导向标识是指安装在车站及电客车内的安全、指引、信息、消防等与客运服务相关的导向灯箱及标识标牌。

（2）导向标识系统是指为引导乘客安全、便捷地进站、购票、乘车、出站和换乘等而连贯设置于城市轨道交通站外、站内和列车上的一系列标识的总称，包括在紧急情况下进行客流疏散所设置的紧急疏散标识。它通过颜色、形状等要素保持整个系统的一致性，传达关于环境、方位的信息。城轨车站标识设计是否合理、设置是否得当，直接关系到整个城轨系统的客运组织流畅度、客运服务质量和服务效率。另外，由于城轨系统服务于城市公共交通，代表了一个城市的形象，而城轨车站标识又是乘客接触最多的设施之一，其优劣直接影响整个城轨系统甚至整个城市的形象。

二、导向标识分类

（一）按用途分类

导向标识系统中各类标识按其发挥的作用，可分为确认标识、导向标识、综合信息标识、禁止标识、安全警告标识、消防安全标识等。

1. 确认标识

用以标明某设施或场所的标识（见表2-6）。

2. 导向标识

用以向乘客提供某设施或场所方向指示的标识（见表2-7和图2-24）。

表2-6 确认标识

自动售票标识	电梯标识
无障碍设施标识	出口标识

表2-7 导向标识

出站导向标识	乘车导向标识

图 2-24　地面导向标识

3. 综合信息标识

用以表达乘客需要了解的与轨道交通系统相关信息的标识（见表 2-8）。

表 2-8　综合信息标识

车站出入口标识	运营时间标识

38

续表

车站周边信息图	爱心专座

票价图	轮椅固定器使用说明
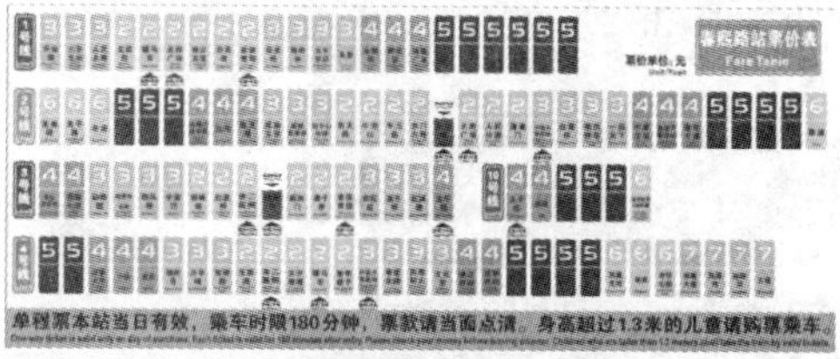	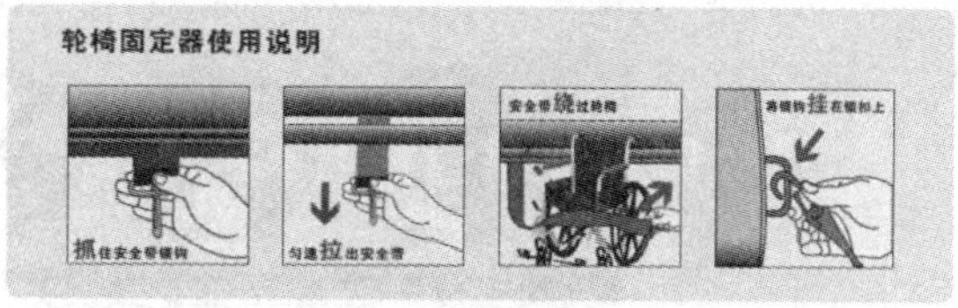

4. 禁止（安全）标识

不准乘客发生相应行为的标识类别（见图 2-25）。

图 2-25　禁止标识

5. 警示信息标识

请乘客当心，避免可能发生的危险（见图 2-26）。

6. 提示标识

提示乘客注意，引起警觉的标识，如图 2-27 所示。

图 2-26　警示信息标识　　　　　图 2-27　提示标识

7. 消防安全标识

与消防安全有关并符合消防规定的标识类别，如图 2-28 所示。

图 2-28　消防安全标识

（二）按材质分类

导向标识按材质分类，可分为通电发光导向标识、蓄能或蓄电发光导向标识、不发光导向标识等。

（三）按引导的目的分类

导向标识按引导的目的分类，可分为进站、出站、换乘、疏散导向标识等。

第二目　升降设备

车站电梯系统由自动扶梯、垂直电梯及轮椅牵引机组成，是城市轨道交通系统中的重要组成部分，它每天担负着运送大量客流的任务。车站电梯系统设备能够适应地铁每年工作 365

天，每天工作 20 h 的工作制度。

一、自动扶梯

（1）自动扶梯是一种带有循环运行梯级，用于向上或向下倾斜输送乘客的固定式电力驱动设备，具有连续工作、运输量大的特点。

（2）自动扶梯作为地铁车站内疏散乘客的重要工具，对客流的及时疏散起到了至关重要的作用。车站根据预期客流量配备了足够数量的自动扶梯，以保证车站的正常运作。

（3）站台至站厅间根据车站远期客流量配备上、下行自动扶梯，出入口及过街隧道根据人流量设置上、下行或上行自动扶梯。

二、垂直电梯

（1）电梯是一种以电动机为动力的垂直升降机，装有箱状吊舱，用于多层建筑乘人或载运货物的运输工具。

（2）液压电梯是电梯的一种，是依靠液压驱动的电梯。液压电梯是通过液压动力源，把油压入油缸使柱塞做直线运动，直接或通过钢丝绳间接地使轿厢运动的电梯。因液压电梯运行平稳、舒适、低噪声、井道利用率高等优点，近几年在商场、办公楼、停车场、车站与机场等公共场合得到广泛使用。

（3）一般情况下，付费区内垂直电梯可由乘客自行操作，不需专人管理。

（4）火灾情况下，电梯接收到火灾自动报警系统（AFS）的火灾指令后，自动运行到疏散楼层，电梯开门放人后停止运行。

三、轮椅牵引机（楼梯升降机）

（1）为方便残疾人员或行动不便人员也能安全地进出车站，车站出入口应考虑增加特殊设计，如每个车站至少保证有一个出入口设置垂直电梯，或在楼梯处设置轮椅牵引机（楼梯升降机）（见图 2-29）。若在楼梯处有梯级，还需设计斜坡道（见图 2-30）等设施设备。

图 2-29　轮椅牵引机

图 2-30　斜坡道

（2）轮椅牵引机能沿着楼梯连续做上升、水平和 90°转角运行（见图 2-31），运行倾角不大于 35°。车站出入口（即站厅至地面）的轮椅牵引机是室外型，能全天候工作。车站内轮椅牵引机是室内型，按室内条件设计。

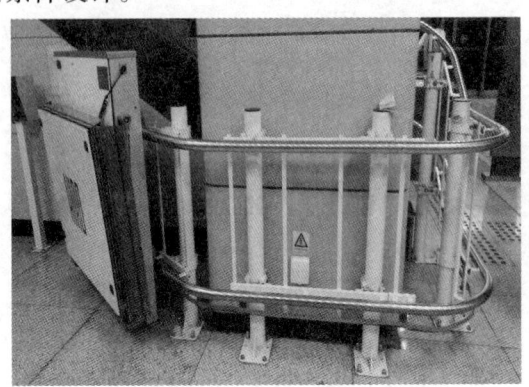

图 2-31　轮椅牵引机 90°转角运行

第四节　机电设备

第一目　消防系统

为保证车站的运营安全，车站均设有各类消防设施设备，其中火灾自动报警系统（FAS）和自动气体灭火系统作为车站的主要消防系统，起到关键作用。

一、火灾自动报警系统（FAS）

（1）火灾自动报警系统是车站防灾报警系统的关键组成部分，主要实现火灾探测、报警和控制。安装在地铁内的火灾探测器能 24 h 实时监测被警戒的现场或对象。

（2）当某一被监测区域发生火灾时，火灾探测器探测到火灾产生的烟雾、高温等信号并转换为电信号后，立即传送到火灾报警主机，火灾报警主机接收到火警信号，通过预先设定好的逻辑程序进行判断。若确认着火，则输出回路控制信号：一路信号将上传至综合监控系统，通过综合监控系统联动乘客信息系统（PIS）、广播系统（PA）、综合电视监控系统（CCTV）等辅助救灾系统，FAS 主机显示火灾现场地址（如烟感编号），记录下发生火灾的时间，同时启动警报装置发出报警声响，告诫火灾现场人员投入灭火操作或从火灾现场疏散；另一路指令启动底层消防控制设备以及相关救灾子系统，自动联动启动三级负荷断电装置、防排烟设施（BAS 系统）、防火卷帘门、消防电梯、智能照明、消火栓、门禁系统以及释放地铁特有的 AFC 闸机等设施，以防止火灾蔓延，控制火势，及时扑救火灾。一旦火灾被扑灭，可由人为操作火灾自动报警系统回到正常报警状态。

（3）为了防止系统故障，火灾自动报警系统设有回路巡检功能，可对连接FAS系统回路的各类探测器、控制模块等设备进行运行状态监测，当出现故障时，FAS系统主机会显示故障位置，便于维保人员进行检修。

二、气体自动灭火系统

（1）在城市轨道交通工程中，自动灭火系统保护对象的火灾类型主要包括A类和E类火灾。如主变电站、变配电站、信号设备室及车站控制室等保护对象，属于车站的重要部位，不但设备价格昂贵，而且发生火灾等意外事故时容易导致城市轨道交通中断，影响整个城市轨道交通的运行安全。因此上述场所均采用自动灭火系统进行保护。以成都地铁为例，其气体灭火系统为IG-541系统。作为灭火药剂的IG-541气体，由52%的氮气、40%的氩气和8%的二氧化碳3种自然存在于大气中的气体组成，对扑灭A、B、C类火灾有效。当IG-541气体依规定的设计灭火浓度喷放于需要保护的区域中时，可以在1 min之内将区域内的氧气迅速降至12.5%，使燃烧无法继续进行。IG-541气体灭火系统由储存输送灭火介质的管网子系统和探测报警控制子系统组成，平时由后者监视防护区的状态，并按预先设定的控制方式启动灭火装置，以达到扑救防护区火灾的目的。

（2）IG-541气体灭火系统有3种操作方式：自动控制、手动操作、机械式应急操作。

三、其他消防设备

（1）城市轨道交通消防应根据不同部位的环境条件、器材安装、设备特点等要求，选择相应的灭火系统和器材。

（2）车站的公共区，以消火栓系统为主，将整个车站覆盖在消火栓的保护范围内。

（3）自动喷水系统在公共区的作用不是很显著，甚至会造成地滑，影响人群疏散的速度，因而在车站的公共区可不设置自动喷水灭火系统。

（4）区间隧道中要沿线布设消防栓灭火系统，条件允许时还可在区间隧道中加装移动式灭火系统。移动式灭火系统宜采用泡沫灭火剂。

（5）无论是在车站、区间隧道，还是在轨道交通列车上，都要配备一定数量的灭火器。

第二目　综合应急后备盘

通常在车站控制室设有综合应急后备盘，简称IBP，它是一种人机接口装置。作为主控系统的后备设备，当中央一级发生通信故障或在车站一级发生人机界面故障时，车站值班员可通过IBP盘对本车站进行应急管理。以成都地铁为例，其IBP系统由信号系统（SIG）、环控系统（BAS）、消防控制系统（FAS）、自动售检票系统（AFC）、屏蔽门系统（PSD）、防淹门（FG）、自动扶梯系统、综合控制系统、门禁系统、火灾联动系统、试灯及时钟系统组成，在紧急情况下支持车站的关键监视和控制。

第三目 通信系统

通常通信系统由多个独立的子系统组合而成，包括传输系统、无线通信系统、公务电话系统、专用电话系统、广播系统（PA）、时钟系统（CLK）、闭路电视监控系统（CCTV）、乘客信息系统（PIS）等。

一、传输系统

目前，轨道交通的传输系统一般是基于光纤通信技术的系统。光纤传输系统可传输的信息包括语音、数据、图像，还为闭路电视监控系统、车站广播系统、无线通信系统等系统提供信道。

二、无线通信系统

车辆段和运营线路无线通信子系统组成无线调度电台系统，主要为司机、行车值班员、现场设备维修及抢修人员、运营控制中心（OCC）调度员、车辆段调度之间提供调度指挥的无线通信。

三、公务电话系统

在运营控制中心、各车站和车辆段各设1台交换机组成公务电话系统。公务电话是OCC调度员、行车值班员、车辆段调度员、各车间生产调度等日常工作联系的通信工具，也是专用调度电话、无线调度电台故障情况下的后备调度通信工具。

四、专用电话系统

行车指挥通信设备以专用调度电话及无线调度电台为主，以公务电话为辅。
专用电话系统主要包括调度电话、站间行车电话、区间电话（轨旁电话）。

（一）调度电话

OCC调度员和车站（车辆段）值班员设专用调度电话系统，是列车运营、电力调度、日常设备维修、防灾救护等调度指挥的重要专用通信系统。

（二）站间行车电话

站间行车电话是保证安全行车的专用电话设备，两站设站间直线行车电话，它是供相邻两车站值班员之间联系有关行车业务的电话。

（三）区间电话（轨旁电话）

在隧道内平均每隔 150 m 左右设置 1 台轨旁电话，作为应急通信工具。轨旁电话机在摘机 5 s 后自动拨接就近车站车控室内多功能数字电话或在 5 s 内拨所需的电话号码。

五、广播系统（PA）

广播系统由车站（含 OCC）广播、车辆段广播两个相互独立的子系统组成。广播系统主要用于对乘客进行信息广播，发生灾害时兼作救灾广播，以及运营维护广播之用。成都地铁 1 号线一期工程广播系统设备包括 1 套 OCC 设备、17 套车站设备，1 套车辆段设备。

（1）车站广播子系统主要供行车值班员、OCC 调度员向乘客进行列车运行、客运服务、事故抢险、紧急疏散等信息广播，以车站广播为主。

（2）车辆段广播子系统为一套独立的区域广播系统，供车辆段值班人员对车辆段播音区进行广播。

六、时钟系统（CLK）

时钟系统由中心级和车站/车辆段级两级组网组成，中心一级母钟设在运营控制中心，各车站、车辆段设置二级母钟和子钟。时钟系统为地铁工作人员和乘客提供统一的标准时间，并为其他各有关系统提供统一的标准时间信号，从而实现城市轨道交通各系统统一的时间标准。

七、闭路电视监控系统（CCTV）

闭路电视监控系统由车站本地监视系统和中心远端监视系统两部分组成。车站本地监视系统和中心远端监视系统主要用于行车值班员和 OCC 调度员实时监视车站客流、列车进出站及乘客上、下车情况。在车站上、下行站台车头处，设 1 台室外监视器，供司机监视乘客上、下车情况。

八、乘客信息系统（PIS）

乘客信息系统由编播中心、车站显示系统组成。乘客信息系统是向乘客及时准确地提供列车运行状态、安全事项等多媒体综合信息的显示系统。

第四目　环境与设备监控系统

通常为了给乘客创造安全可靠和舒适的乘车环境，车站及地下区间隧道内设有各种正常运营保障设施（如通风空调设备、给排水设备、照明设备、导向设备、自动扶梯等）和事故及紧急情况防救灾设施（如消防水系统、自动灭火系统、防排烟系统、事故照明系统等）。为实现对以上设施的集中监控与管理，需设置环境与设备监控系统（BAS）。BAS具有中央级集中监控、车站级集中监控和就地监控三级监控功能。为保证监控系统电源的稳定可靠，BAS设置不间断电源（UPS）。

第五目 供电系统

城市轨道供电系统是由电力系统经高压输电网、主变电所降压、配电网络及牵引变电所降压、整流等环节，向城市轨道快速交通线路运行的电动车组及车站设备输送电力的全部供电系统。城市轨道交通供电系统是城市轨道交通系统中最重要的基础能源设施，其作用是为轨道交通系统中的各种用电设备提供动力电源，确保城市轨道交通列车和各设备系统的正常运行。根据对供电可靠性的要求，动力照明负荷一般分为三级负荷。

一、一级负荷设备

一级负荷设备包括综合监控，通信系统，信号系统，火灾报警系统，环控系统，自动售检票系统，门禁系统，屏蔽门（站台门），防淹门，自动扶梯（火灾时仍需运行的），消防电梯，气体灭火，消防泵，废水泵，雨水泵（无盖出入口），所用电，地下站厅站台公共区照明，应急照明，与消防疏散有关的导向灯箱、事故风机及其风阀、排烟风机及其风阀，安检设备以及其他与防灾有关的负荷等。其中，应急照明、变电所操作电源、火灾自动报警系统、通信系统、信号系统为特别重要负荷。

二、二级负荷设备

二级负荷设备包括设备区和管理区照明、出入口通道照明、雨水泵（有盖出入口）、非事故风机及风阀、组合式空调机组、柜式风机盘管机组、污水泵、自动扶梯（火灾时无须运行的）、电梯、轮椅牵引机、银行设备、维修电源等。

三、三级负荷设备

三级负荷设备包括冷水机组及其配套设备（冷冻水泵、冷却水泵、冷却塔风机、补水泵、分体空调器等）、广告照明、商铺、清扫机械、生活用电源等。

第六目　环控系统

城市轨道交通车站位于地下时，由于地下车站封闭、潮湿，且站内有多种发热源，如人体散热、车站设备散热以及列车散热等因素，因此，需要对地下车站环境进行通风、降温和除湿，为乘客提供舒适的乘车环境，为工作人员提供舒适的工作环境，为设备系统提供良好的运行环境，同时火灾时能迅速排除烟气，引导乘客安全撤离火灾区。这就需要环控设备来实现，故城市轨道交通的内部空气环境控制系统采用通风或空调系统进行控制（分为通风系统和空调系统），且优先采用通风系统方式。城市轨道交通的通风空调系统根据使用场所不同、标准不同，可分为车站通风空调系统、区间隧道通风系统和车站设备管理用房通风空调系统。通风空调系统按控制区域，划分为隧道通风系统（含防排烟系统）和车站通风空调系统（含防排烟系统）两大部分。其中，车站通风空调系统由大系统、小系统和水系统组成。

1. 大系统

大系统是车站公共区（站厅、站台）的通风空调系统（兼作车站公共区排烟系统）。

2. 小系统

小系统是车站设备及管理用房的通风空调系统（兼作排烟系统）。

3. 水系统

（1）水系统是为大系统、小系统提供冷源的系统。

（2）空调水系统由空调冷冻水系统和空调冷却水系统组成。

（3）空调冷冻水系统是由车站冷冻站为空调大系统和小系统提供循环冷冻水的系统。

（4）空调冷却水系统是将车站产生的多余热量带走的系统，即冷却水吸收热量后，通过冷却水泵送到室外高处的冷却塔降温后循环。

第七目　防淹门系统

为了防止区间隧道发生水灾时，洪水涌入车站和地下区间导致事故扩大，因此在穿越河流、湖泊的地下区间进出水域的两端适当位置设置防淹门（见图 2-32）。防淹门的种类主要有平开式防淹门（双扇弧形闸门）、垂直闸门（下落式闸门）、平推式闸门 3 种。成都地铁采用垂直闸门。通常防淹门系统由门叶、启闭设备、锁定装置、电气设备、控制设备和闸门埋件等组成。一般情况下，当防淹门接收到允许关门信号并人工发出关门指令后，闸门能够在隧道里的水深高出防淹门底槛不大于 3.0 m 时，1.5 min 内紧急关闭。

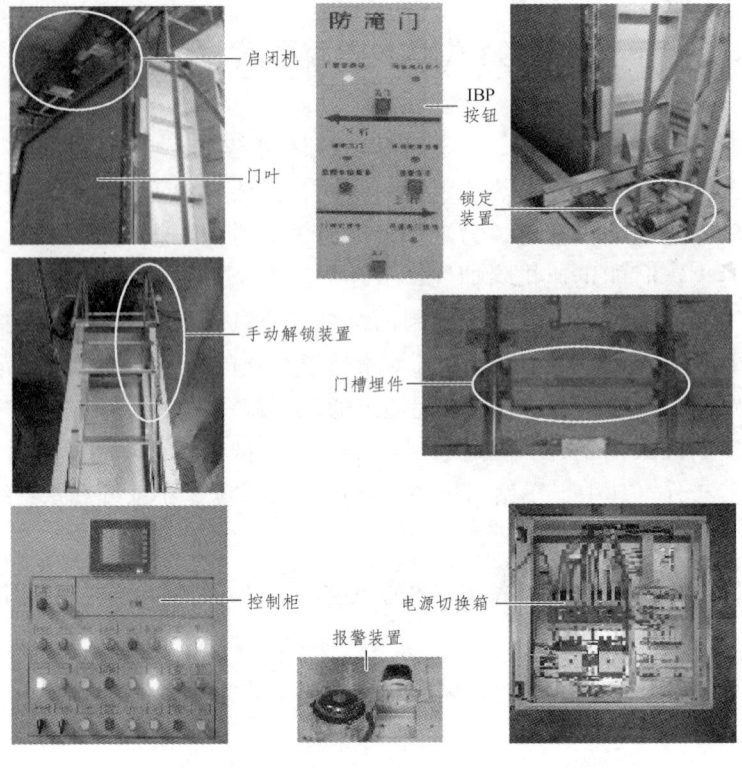

图 2-32 防淹门系统

复习思考题

1. 车站设备包括哪些设备?
2. 轨道与道岔的基本组成是什么?
3. 地铁行车组织方法有哪些? 其闭塞分区如何划分? 行车凭证是什么?
4. 站台门的定义及组成是什么?
5. 紧急停车按钮设置位置及作用是什么?
6. AFC 的主要功能及其组成是什么?
7. 车票有哪些分类?
8. 票务钥匙及备品种类有哪些?
9. 导向标识系统中各类标识按其发挥的作用可分为哪些?
10. 车站一级负荷包括哪些系统或设备?

第二部分　岗位知识

第三章　车站运作基础

【本章学习重点】

> 车站有秩序地运作是保障运营的前提，通过本章内容的学习，应了解站务人员的不同岗位职责，并且掌握日常运营所涉及的各种制度。
> 本章分为两节：第一节，了解车站的管理框架，同时掌握站务员的每个岗位职责；第二节，熟悉日常运营生产中所包含的会议制度、考勤制度、6S管理及文明办公、人员调动管理制度、信息上报及巡视制度。

第一节　车站管理模式

第一目　车站管理框架

一、管理框架

各车站管理实行层级负责制，以成都地铁现行车站架构为例，由上至下顺序依次为中心站站长、中心站副站长、其他管理人员、值班站长、值班员、站务员。车站日常生产组织实行层级负责制。

二、车站管理权限

（1）对车站的保洁、安检、保安、商业人员、施工人员等站内工作人员进行属地管理。
（2）对进入车站的乘客按《城市轨道交通运营管理办法》和相应城市相关规定进行管理。
（3）车站运作标准需遵循《城市轨道交通运营管理规范》。
（4）车站巡视地域范围：车站内部、出入口。
（5）中心站站长/副站长、中心站管理人员、当班值班站长在紧急情况下，可调动车站保洁、安检、保安等车站范围内的工作人员，参与车站紧急情况下的应急处理。

第二目　站务员岗位职责

站务员安排在售票岗、站厅巡视岗、站台巡视岗等。车站根据实际需要，经上级部门同意，可安排扶梯岗、引导岗等。各城市轨道交通公司站务员岗位职责不尽相同，以成都地铁为例，站务员各岗位职责及注意事项如下：

一、售票岗职责

（1）负责当班客服中心的售票工作。
（2）处理与乘客相关的票务事务。
（3）对填写的票务报表和当日票款收益负责。
（4）对本班客服中心内的卫生工作及安全工作负责。负责本班客服中心内的设备、备品的管理，如客服中心门窗应随时处于锁闭状态。
（5）兼任厅巡员或站台岗的，必须履行相应岗位职责。
（6）完成上级布置的其他票务工作。

二、站厅巡视岗

（一）岗位职责

（1）每 1 h 巡视一次站厅、出入口，巡视事项包括消防栓、灭火器箱、电器设备状态、可疑物品等安全事项及乘客服务事项，广播、告示、灯箱、闸机、灯管、扶梯、TVM、PIS、各种贴纸、玻璃栏杆等服务设备设施。应不间断巡视站厅设备、扶梯的运行情况，以及乘客进出站情况等，及时主动向有需要的乘客提供服务。
（2）帮助乘客，回答乘客询问，解决乘客问题。及时处理乘客事务，帮助引导车票有问题的乘客到客服中心。
（3）积极疏导乘客，要特别注意突发暴风雨等特殊情况时，乘客拥向出入口、堵塞通道等特殊情况。
（4）及时向值班站长、值班员报告异常情况和问题。
（5）有特殊乘客进站及时通知有关岗位，对老年乘客、小孩、行动不便者或携带大件行李者要指引其走楼梯，必要时提供帮助，以避免客伤事件发生。
（6）以乘客排队人数 8 人为临界点，排队持续时间 3 min 以上时，及时向值班站长汇报客服中心和 TVM 前乘客排队人数，以便值班站长决策。
（7）积极引导进站乘客到乘客较少的客服中心、TVM、闸机等处购票，进、出站。
（8）负责监督工作区域内的卫生情况，发现问题，及时整改。

（9）遇 TVM、闸机、扶梯等故障时，要及时摆放暂停牌，并及时向车控室报告。

（10）负责出闸机票箱的更换工作，协助进行更换钱箱、清点钱箱的工作。

（11）负责站厅边门的管理，按规定给乘客开边门。

（12）其他需要完成的事项。

（二）站厅巡视岗突发情况的处理要求

（1）发现乘客携带超大、超长、超重的物品时，禁止其进站乘车，并对乘客耐心解释。

（2）留意是否有精神异常、酗酒的乘客，禁止其进站乘车，及时汇报车控室，必要时请求警务人员或其他同事协助并注意自我保护。

（3）在出入口、站厅范围发生的治安、安全事件，要及时赶到，保护现场，寻找两名及以上目击证人。

（4）发现有故意损坏或偷窃站厅设备设施行为时，应及时制止，留下肇事人，及时报车控室。

（5）对发生在站厅的客伤事件要及时报车控室，协助进行处理并寻找两名及以上目击证人。

（6）出现安全紧急情况时，按照《站务应急处置程序》执行。

三、站台岗

（一）职责

（1）巡视内容：消防设备设施的状态，确认消火栓、灭火器箱上的封条是否完好，对于破封的要检查里面的设备是否齐全；检查屏蔽门的状态，包括屏蔽门上的顶箱前盖板是否锁闭，屏蔽门和端门是否正常关闭等；上、下行尾端的缝隙灯状态是否良好；扶梯运行是否正常，包括扶梯有无异响，梯级上有无异物（有异物时应及时清理）等；站台其他设备设施的状态，如扶梯处栏杆、站台候车椅、灯管等的状态是否良好；检查站台备品间内的所有设备设施的状态是否良好，有无缺少。

（2）负责按站台接发列车标准接发列车，监视列车运行状态、候车乘客动态、乘客上下车状态，处理在接发列车过程中发生的突发事件（如屏蔽门未关好、车门/屏蔽门夹人夹物等）。

（3）巡视站台时需留意站台乘客的候车动态，及时提醒特殊乘客注意安全（如对不便乘坐扶梯的乘客提醒其走楼梯或观光梯），提醒乘客不要倚靠屏蔽门。

（4）巡视时发现携带违反地铁管理规定物品的乘客，要及时劝其改乘其他交通工具，并及时报车控室。

（5）对站台乘客候车秩序负责，引导乘客到人较少的地方候车，主动引导乘客按地面箭头指示排队候车，先下后上，引导乘轮椅的乘客到轮椅乘车位对应的屏蔽门处上车。

（6）对站台卫生和安全负责，确保屏蔽门及以内区域安全。及时提醒乘客注意安全（如对不便乘坐扶梯或携带大件行李的乘客提醒其走楼梯，提醒乘客乘坐扶梯时要站好扶稳，提醒乘客不要倚靠屏蔽门），发现异常情况及时处理。

（7）处理各种紧急情况（具体按有关预案处理）。

（8）制止并处理乘客违反相关城市轨道交通法律法规的行为。

（9）负责列车折返时的清客工作。

（10）对端门安全负责，在接发列车间隙，查验巡检人员证件与车控室核对无误后开端门，并确保端门正常关闭。

（二）站台巡视岗工作中的注意事项

（1）站台岗在接车间隙要巡视站台，不能固定站立在某一个位置。

（2）在巡视过程中，必须观察轨行区情况，如是否存在异物，屏蔽门或其他轨旁设备是否侵限。

（3）注意自身安全，防止不慎跌入轨行区，切勿盲目进入轨行区，在进入轨行区时必须穿荧光衣。

（4）在车门出现故障时，协助司机进行处理。

（5）在屏蔽门出现故障时，按"先通后复"的原则和屏蔽门故障处理程序进行处理，如故障无法修复，及时张贴故障指示。

（6）当站台发生物品掉落轨道时，立即到站台做好乘客引导和安抚工作，按规定将物品拾回。

（7）当站台发生客伤时，立即到站台寻找受伤乘客，做好乘客的安抚工作，并向乘客了解受伤的经过，寻找两名及以上的目击证人。

（8）当车站收到行调有关列车需在本站清客的通知时，立即到站台进行清客，引导车上的乘客到站台，维持站台乘客候车秩序，并做好乘客的解释工作，清客完毕后，向司机显示"好了"信号。

（9）当车站收到行调有关列车故障，造成晚点的通知时，维持好站秩序，安抚候车乘客。

四、扶梯岗职责

（1）引导搭乘扶梯的乘客"站稳扶好，注意安全"。

（2）对不便乘坐扶梯的乘客提醒其走楼梯或观光梯，防止乘客携带大件物品搭乘扶梯。

（3）密切关注扶梯运行情况，当乘客较多，可能出现堵塞等紧急情况时，及时采取措施（如紧急停梯），并上报车控室。

（4）当出现扶梯客伤时，及时按停扶梯，按客伤程序处理。

第三目 危险源辨识

城市轨道交通，其覆盖范围广，设备设施多，客流量巨大，一旦发生突发情况，对社会影响较大。为保证运营安全，车站各岗位员工均需具备基本的危险源辨识能力。

一、危险源辨识的范围

城市轨道交通所有的设备、建筑、设施、作业和人员如下：
（1）运营公司所有设备、设施，包括承包商带入运营公司范围内的设备。
（2）地铁沿线各车站、车辆段与办公楼等。
（3）所有活动，包括行车、客运、维修、新线建设、办公与仓储等。
（4）运营公司储存或使用的易燃易爆品、有毒物、腐蚀品等危险化学品。
（5）所有人员，包括员工、乘客、设计、监理、承包商及其他进入运营公司范围内的人员。
（6）环境，包括运营公司所处的自然环境和社会环境。
（7）其他需要辨识的范围。

二、危险源类型

危险源主要分为三类：物的不安全状态、人的不安全行为、不良环境。

1. 物的不安全状态

无防护罩或防护栏杆；防护距离不够；设备、设施缺陷（强度不够、刚度不够、稳定性差、密封不良、外形缺陷、操作器缺陷、制动缺陷、控制器缺陷等）；设备故障、设施损坏；电危害（带电部位裸露、漏电、静电、电火花、雷电）；运动物危害；明火；高温物质；低温物质；信号缺陷；标志缺陷；易燃易爆性物质；自燃性物质；有毒物质；腐蚀性物质；危害性生物。

2. 人的不安全行为

未经许可开动、关停设备；忘记关闭设备；开关未锁紧，造成意外转动、通电或泄漏等；误操作；奔跑作业；机械超速运转；违章作业；酒后作业；工件紧固不牢；拆除、搬移了安全装置；用手代替工具操作；物件放置不当；冒险进入危险场所；未及时瞭望；身处不安全位置；设备运转时进行维修、保养作业；未佩戴个人防护用品；注意力不集中；不安全装束；辨识功能缺陷；从事禁忌作业；心理异常；负荷超限；监护失误；违章指挥。

3. 不良环境

照明或光线不足；通风不良或空气质量不良；环境温度、湿度不当；作业场所狭窄；作业场地杂乱；地面或轨道湿滑；安全通道缺陷；强迫体位作业；有害电磁辐射；噪声；振动危害；自然环境不良。

三、危险源辨识常用方法

危险源辨识的方法有许多，常见的方法有直观经验法、工作危害分析（JHA）、危害及可操作性研究（HAZOP）、工艺流程分析法等。每种方法都有优缺点，且它们的适用范围有所不同。根据辨识对象的特性，选择不同的危险源辨识方法。

四、城市轨道交通危险源辨识的方法

（1）针对轨道交通生产特点，分别按场所、作业和设备进行识别。具体做法为：将场所存在的、作业潜在的和设备遗留的不安全状态、人的不安全行为、工业卫生（作业环境）、突发事件、相关方等各种类型的危险源全面进行识别。

（2）采用"工序/流程→设备→人员分析法"进行危险源的识别。具体做法为：将设备设施维修、调试等活动划分为具体工序，将行车、客运等活动划分为具体流程，针对工序/流程的人员活动、设备设施、作业环境和能源的输入、输出，分别识别出设备设施的不安全状态、人的不安全行为、工业卫生（作业环境）、突发事件、相关方等各种类型的危险源。

第二节 生产管理制度

第一目 基础管理

一、排班规定

（一）基本要求

（1）排班表按值班站长、值班员、站务员、实习生的顺序排列。值班站长以 A 打头编号；客运值班员以 B 打头编号；行车值班员以 C 打头编号；站务员分 D（数字）、E（数字）、F（数字）、G（数字）4 种，D 为售票员岗位，E 为站厅岗位，F 为站台岗位，G 为机动岗。

（2）每周排班由指定值班站长负责，由中心站管理人员审核并签名确认。员工上岗必须持有本岗位资格证，经公司正式聘任，不允许低岗顶高岗。车站将对员工的加班工时每月进行汇总，每周在班表内公布累计超缺工时，以此作为调休的依据；排班要满足各站要求，每月工时不能少于公司规定，每月要确保员工休息时间符合公司规定；车站排班按车站的班制标准执行，不能擅自增加或减少岗位。

（二）考勤规定

值班站长、客运值班员、行车值班员和售票员计算交接班时间，其余岗位则不计交接班

时间。晚班可以休息的岗位，休息时间不计算工时。每次交接班时间不超过 30 min，须计算工时。考勤应注意以下几点：

（1）按规定上、下班时间出勤，不得迟到、早退，凡上班时间未到岗的按迟到处理。车站当班员工临时外出办事需经当班值班站长批准[行车值班员以上层级必须经中心站（副）站长批准]，中心站（副）站长外出需经上级批准，擅自离岗 3 h 以上做旷工处理。

（2）车站考勤表每天由夜班值班站长负责记录，考勤表经中心站（副）站长审核后上交，不得瞒报、虚报考勤。

（3）员工请假应提前填写请假审批表，经审批后才能休假。如有急事、急病不能及时请假的，需当天报中心站（副）站长、上级部门考勤管理人员，并在休假后 3 天内补齐假单。各类假期的天数和享受的工资、奖金待遇按公司相关规定执行。

（4）车站须按有关规定排班，员工加班超时没有公司统一文件不给予加班费，由车站安排补休。如因业务不熟练、违章违纪等原因加班，不计入工时，也不给予补休。

（5）车站须记录每月员工实际工时、假期情况，每月的考勤由员工本人签名确认，并根据员工的实际工时情况，合理排班、调休。

（三）调班规定

（1）员工调班不得低岗顶高岗。

（2）员工应按车站排班表安排按时上岗，不准私自调班。

（3）员工因个人原因调班的，必须提前一天向当班值班站长提出申请并说明原因，值班站长经核查调班双方同意，批准后方能生效。

（4）每人一个月调班频率不能超过两次（调班双方均计入调班次数），站务员及值班员第一次调班由当班值班站长批准，第二次由中心站管理人员审批，临时公事、紧急事情不受此限。凡未经批准擅自调班的按串岗处理，擅自补休或委托他人顶岗者做旷工处理。

（5）正常情况下，员工不得连续休息超过 3 天（不含 3 天）。

（6）值班站长调班必须经中心站管理人员审批批准，严禁私自调班。

（7）中心站管理人员调班必须经中心站（副）站长审批批准，中心站（副）站长调班需经上级批准。

（四）调休规定

（1）车站须根据员工工时超缺情况合理安排员工补休、调休。

（2）补休、调休后，员工连续休息不能超过 4 天（不含 4 天）；特殊情况下，允许员工每人一年内一次补休、调休后连续休息 5 天。

（3）如因特殊情况，补休、调休当天需上班的，由中心站（副）站长对班表进行调整，员工必须服从安排，再择日补休、调休。

（4）员工不能向排班人员提出特殊要求，影响排班工作。

二、车站 6S 管理

"6S"是指整理、整顿、清洁、清扫、素养、安全。车站 6S 管理区域：车控室、站长室、会议室、站务室、更衣室、票务管理室、客服中心、备品库、设有班组宣传设施的通道、其他站务备用间。车站须依照 6S 管理的总体标准和要求制定分区域的 6S 管理实施方案，统一标准、标识，并遵照执行。车站须制定 6S 管理实施细化方案，绘制各区域的物品摆放平面图。车站须确定规范各区域 6S 管理的责任人和职责，并建立健全监督机制和检查评估体系，确保责任到人。

三、文明办公规定

车站员工上班按规定穿着制服、佩戴标志牌、仪容端庄、大方。办公用具要按"6S"标准摆放，做到整齐、干净、方便使用。工作联系恭谦合作，待人接物应热情有礼，使用普通话，接听电话使用规范用语。上班时间不得阅读报纸及与专业无关的书刊，不得使用任何通信工具闲聊、拨打各种信息台。车站员工除值班站长及以上人员外不得携带手机上岗，值班站长需在手机上输入行调和站长电话，手机在紧急情况下方可使用。不得离岗和无事串岗，如确需暂时离开工作岗位，须经当班值班站长同意。爱护公共财物，认真遵守生产和办公设备使用管理规定。用水、用电要安全、节约。

四、会议制度

车站运作过程中根据工作需要定期召开会议（如中班会、早班会、员工大会等）时，参加会议人员需遵守会议纪律。应严格按照会议通知要求参加会议，不得无故缺席、迟到、早退或委托他人代签名。如因特殊情况不能按时参加，须提前请假。参会人员须在会议召开前 5 min 进入会场，按规定签名报到，会议组织者要及时统计参会人员到位情况（缺席人员、未按通知要求参会的人员等）。参会人员要严格遵守会场纪律。可携带通信工具的人员，须将通信工具设置为振动或静音。开会期间要集中精力，做好记录，严禁在会场内接听电话、随意走动或交头接耳。参会人员如无特殊情况不得擅自离开会场，不得在会场外逗留和闲聊。

第二目　信息上报及巡视制度

一、生产信息分类

根据各类生产信息所含内容的不同，各城市轨道交通企业在不同阶段会制定不同的信息分类制度，以成都地铁为例，根据生产信息影响，将生产信息分为第一类生产信息、第二类生产信息。

（1）第一类生产信息：影响运营生产的事件。
（2）第二类生产信息：非紧急情况下，不影响正常运营的各业务模块发生的异常事件。

二、汇报流程及要求

（1）通常而言，不同的生产信息通过不同的流程进行汇报，以成都地铁为例，其第一类生产信息汇报流程如图 3-1 所示。

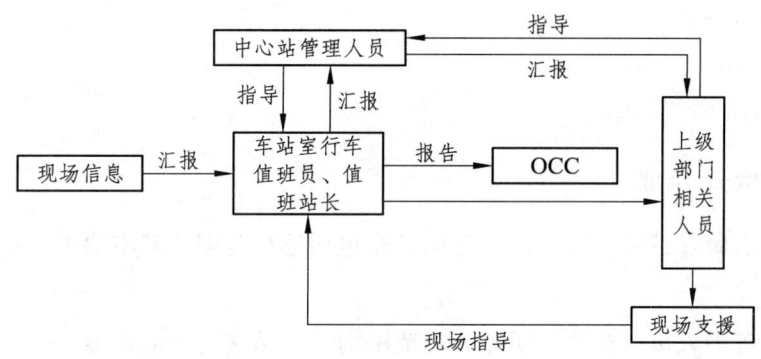

注：单箭头表示信息传出或汇报，具体含义已在流程图中标出。

图 3-1 成都地铁第一类生产信息汇报流程图

（2）具体要求。

① 第一类生产信息车站须第一时间上报 OCC、地铁公安、120 等，以便支援人员及时赶赴现场参与突发事件的有效处置，尽量缩小突发事件对运营的影响。

② 第一类生产信息车站须尽快上报上级部门相关人员，中心站管理人员接到报告后须及时到现场处理。

③ 第二类生产信息报上级部门相应接口人员。

④ 车站的信息汇报统一由值班站长负责，如值班站长正在处理事件，则由行车值班员进行汇报。值班站长可将上级管理技术人员、领导手机号码存入手机内，以方便应急情况下及时汇报信息。

⑤ 车站须跟踪动态信息，做好事件节点续报，以便 OCC 和上级部门及时掌握最新事件动态。

⑥ 当发生影响生产的事件时，坚持车站处理为主，上级部门支援为辅的原则；中心站分管站长（站长助理）要第一时间赶赴现场，并对事件处理做好相关安排。

⑦ 车站根据上级部门信息汇报流程，细化、完善各自内部流程，以确保整体信息的通畅。

⑧ 应急生产信息汇报内容按公司《安全信息管理制度》执行。

（3）信息汇报内容。

一般而言，城市轨道交通生产信息汇报时均需含时间、地点、经过等要点，以成都地铁

为例,其信息汇报内容如下:
　　①事故发生单位概况;
　　②事故发生的时间、地点以及现场情况;
　　③事故发生的简要经过;
　　④事故已经造成或者可能造成的伤亡人数(包括下落不明的人数),预计对正常运营或生产的影响,以及初步估计的直接经济损失;
　　⑤已经采取的措施;
　　⑥救援要求等;
　　⑦其他应当报告的情况。

三、巡视检查作业

站务人员均需做好日常巡视工作,巡视工作包括巡视范围及基本要求。

1. 巡视范围

(1)中心站管理人员:车站的所有管理范围内,车站应巡视的地方;

(2)值班站长:设备区通道、管理用房、站厅、站台、出入口、客服中心;

(3)客运值班员:客服中心、站厅(无站厅巡视岗的车站客运值班员还需巡视出入口);

(4)站厅巡视岗:站厅、出入口;

(5)站台岗:站台。

2. 巡视基本要求

(1)认真:巡视人员必须以认真负责的态度去巡视每个角落和所管辖的范围。

(2)细致:从细微处着手,做到防微杜渐,从看、摸、嗅、听四觉入手。

(3)周全:岗位内的设备、设施、告示牌乃至螺丝都应检查,站台岗应做到三步一回头。

(4)及时:巡视及时、记录汇报及时、处理及时。

第三目　属地管理制度

一、管理原则

1. 属地管理原则

中心站长代表运营公司履行属地管理职责,全面负责车站范围内日常和非正常情况下的管理工作,对安检、保安、商铺经营人员、保洁人员(类别不全,还有各中心部门及委外单位人员)进行监督检查,发现问题提出整改要求并督促其整改。

2. 区域负责制管理

各中心、部门要负责各自管辖区域和业务范围内的管理工作。

3. 联管联控原则

站务人员和驻站人员都有维护地铁运营安全、为乘客提供优质服务的义务，需组成联管联控属地管理网络，共同维护地铁车站安全和公司形象。

二、管理网络

车站管理网络图如图 3-2 所示。

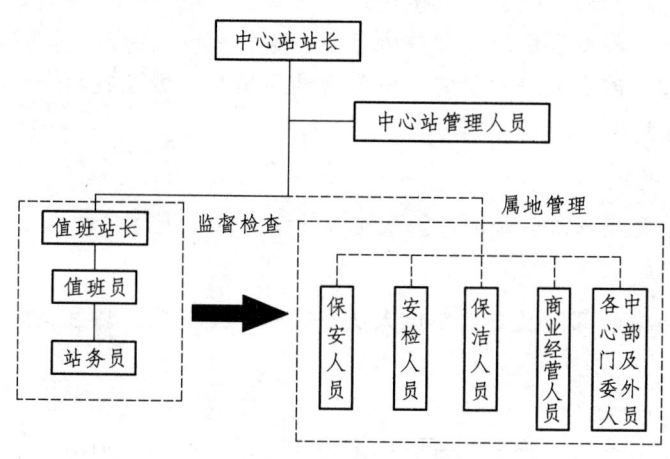

图 3-2　属地管理网络图

三、属地管理要求

（1）安检公司、保安公司、保洁公司、商业经营单位、站内各中心部门及委外单位（以上公司、单位人员统称驻站人员；保安、安检、保洁人员以下统称三保人员），对各自业务负责，并服从站务人员的管理和监督，维护地铁车站运营安全，为乘客提供优质服务。

（2）车站管理部门和驻站人员所属单位（部门）齐抓共管，共同促进车站客运、消防、综治、施工、人身安全和所辖设备设施运行安全，维护良好的站容站貌和窗口服务形象。

（3）驻站人员必须遵守国家法律法规和公司规章规定，服从车站管理，参加车站组织的相关学习，并配合车站组织开展演练。

（4）驻站人员发现可能影响地铁运营安全的作业，以及车站地面附属设备设施有异常情况时，驻站人员有权对违规作业进行制止，并将情况及时报告车站，由车站将情况汇报归口管理部门。

（5）车站发生紧急情况时，驻站人员应听从车站人员指挥，积极参与车站紧急情况下的应急处理。

四、属地管理内容

1. 消防管理

车站各专业设备房内消防设备设施（包括消火栓、灭火器、灭火器箱等）由所属部门专业人员进行巡检；车站公共区、商铺内、设备区通道及站务管理用房内固有的消防设备设施，由车站负责巡查，由机电、自动化及委外单位根据各自职责进行巡检。驻站人员发现火情等紧急情况应立即上报车站，并协助车站处理。

2. 三保管理

车站负责监督每日当班安检、保洁按规定到站签到、签退。当班值班站长每日必须对车站三保用房进行检查，若发现房间内存放废纸板、塑料瓶等杂物及其他违禁物品，应及时通知相关人员进行处理。夜班值班站长应对夜班保洁质量及垃圾堆放间进行检查，确保前日垃圾已按规定全部清除到站外。

3. 商业经营人员管理

车站严格按照《商业日常检查项目》表对商业经营人员进行管理。

4. 其他驻站人员管理

车站人员发现各中心部门及委外单位人员有影响车站服务质量和运营安全的行为应立即制止。

5. 会议及协商制度

中心站每月组织召开一次综合治理月度会议，保洁、安检、保安、商铺须委派一名人员参加会议，如需要其他中心及委外人员参会时，其他中心及委外人员应派人参加，对上月工作情况进行总结和协调。站务中心视情况组织召开属地管理联席会，安检公司、保洁公司、保安公司、客运部、保卫部、经营开发部、自动化监控中心、综合机电中心等应安排相关人员参加会议。

五、设备属地化管理

1. 故障巡视

运营开始前 30 min，车站须组织完成 1 次车站设备完整巡视；运营期间车站设备巡视检查不少于 4 次。车站各岗位人员（含保安、保洁、安检）负责本岗位附近区域车站设备运行状况监控，及时发现故障并报车控室。三保人员需结合自身作业区域和巡视范围开展维保工作，在车站执勤过程中发现执勤区域设备故障或设施损坏时，应及时将故障上报车控室。车站根据现场情况适应性细化巡视时机和巡视频率。

2. 故障报修

车站设备故障根据设备种类及故障情况分为 AFC 故障、机电终端设备故障、装饰装修故障、其他故障。车站人员发现故障后,及时将故障现象、故障影响和初步判定原因报车控室。

原则上 AFC 终端设备故障报修时间不超过 15 min;站内机电终端设备、装饰装修故障不超过 2 h;站外设备故障不超过 4 h。

(1) AFC 故障:站务归口维修故障由车站组织人员维修,其他故障由车站报 AFC 检修工班或 AFC 调度,由票务中心组织人员维修。

(2) 机电终端设备故障:公共区一端至少大于 1/4 灯具同时熄灭或广告灯箱大于两个熄灭的照明失电故障由车站组织人员进行应急处置,其他机电终端设备故障由车站报委外调度,委外调度组织人员维修。

(3) 装饰装修故障:车站报委外调度,委外调度组织人员维修。

(4) 其他故障:车站报生产调度,生产调度组织人员维修。

3. AFC 故障处置

AFC 简易故障接报后,原则上于 10 min 内完成故障响应,5 min 内完成故障修复,设备恢复正常后车控室及时填报快速工单。非站务归口维修故障或 5 min 内未及时修复的故障,车站须及时创建工单并报 AFC 检修工班。AFC 检修工班接报故障后组织维修人员进行故障处理,维修人员到达现场向车站请点后方可开展维修工作,原则上于 30 min 内完成故障响应,2 h 内完成故障修复。重大故障或无法联系到检修工班时,车站须及时报 AFC 调度安排处置。故障修复后,维修人员应在站务人员对故障修复质量确认后,到车控室进行销点。维修人员完成故障工单填写后,由车站进行完工确认,再由 AFC 调度关闭工单。

复习思考题

1. 车站的管理权限有哪些?
2. 站厅巡视岗突发情况的处理要求是什么?
3. 站台岗巡视内容包括什么?
4. 扶梯岗的职责是什么?
5. 危险源类型分为哪些?
6. 车站 6S 定义及管理区域是什么?
7. 信息汇报内容包括哪些?
8. 各岗位巡视作业范围有哪些?
9. 巡视的基本要求是什么?
10. 属地管理的原则是什么?

第四章　站务员岗位技能

【本章学习重点】

一线站务人员作为地铁运营的基础，其工作开展情况直接影响地铁系统的安全、速度、输送能力和效率等多个方面，本章将对站务员岗位的行车、票务、客运服务、综合应急 4 个方面进行讲解。

通过本章内容的学习，掌握站务人员在各岗位正常和非正常情况下的工作知识，具备有效综合运用城市轨道交通技术设备的能力，提升自己的业务技能，为自己后续的学习奠定坚实的基础。

第一节　行车工作

（1）城市轨道交通的运营管理和行车组织工作，以实现安全、准点、舒适、快捷的运营服务为宗旨。各部门、各单位按《列车运行图》的要求，在集中领导、统一指挥的原则下，紧密配合、协调动作，确保行车和乘客安全，完成各项工作任务。行车组织工作必须贯彻安全生产方针，坚持高度集中、统一指挥、逐级负责的原则。

（2）《列车运行图》是行车组织工作的基础，凡与列车运行有关的各部门、各单位，都必须根据《列车运行图》的要求组织本部门工作。

（3）行车时间以北京时间为准，实行 24 h 制。行车日期以零时为界，零时以前办妥的行车手续，零时以后仍视为有效。客车到达终点站偏离《列车运行图》2 min 及以下为正点。

（4）任何人严禁在未经行调允许的情况下进入轨行区；载客列车严禁在未经行调允许的情况下进入非运营线路。

第一目　正常情况下行车作业

一、接发列车作业

（1）站台巡视岗接发车作业要求。

① 列车进站前。

站台巡视岗引导乘客往人较少的地方按标示候车，留意乘客候车动态；见车头灯时，立即到达紧停按钮附近（有多个站台巡视岗时，在车站规定位置）。

②列车到站停稳后。

列车停稳后，确认车门、屏蔽门全部打开，走到扶梯口、楼梯口对应的车门前，指引乘客上、下车；当下车客流量较大时，在车门、屏蔽门打开后，应走到附近电扶梯处，提醒乘客乘坐扶梯时注意安全；有乘客摔倒等情况时，立即按压电扶梯紧停按钮。

③列车关门时。

当列车准备关门时，平展手臂，阻止乘客抢上、抢下（无论有无乘客，均要平展手臂做阻挡姿势），但不能拉扯乘客。车门、屏蔽门关闭后，确认车门与屏蔽门间是否有夹人、夹物，车门与屏蔽门间是否滞留乘客。确认车门、屏蔽门安全后，立即到达紧停按钮附近。

④列车出站时。

站台巡视岗站在站台紧停按钮处，面向列车，观察站台屏蔽门是否关好，车门、屏蔽门是否夹人、夹物，车门与屏蔽门间是否滞留乘客等。

⑤单个站台巡视岗接发列车按"先到先接"和"先接上、下客多的站台"的原则接发车，发生紧急情况时马上到相应站台处理。必须在所接发列车完全出清车站线路后，才可以去另一站台接发即将到达的列车或已到达的列车。

⑥当两方向列车同时进站时，站台巡视岗负责其中一侧接发列车作业，另一侧由行车值班员通过CCTV进行监控。站台巡视岗因其他事务不能接发列车时，须用对讲机通知行车值班员进行监控。

⑦当客车进站时，站台工作人员应于站台紧急停车按钮附近立岗，随时注意屏蔽门状态，维护站台秩序，发现危及安全的情况，应立即按压紧急停车按钮或显示停车信号。需清客的终点站站台工作人员清客完毕后，应及时显示"好了"信号通知司机。

（2）车站站台是乘客聚集的主要场所，且站台面积有限，很容易形成拥挤。在车站站台容易发生的乘客受伤事件主要有：

①由于乘客抢上、抢下，造成乘客被车门、屏蔽门夹住；乘客滞留车门与屏蔽门之间。

②乘客在电扶梯处受伤。

③乘客因争抢上车而发生打架等情况。

④上、下车过程中，乘客物品掉落轨行区。

二、站务员站台安全管理

站台岗是车站站台安全管理的主要负责人，在运营过程中除了监控列车上、下客作业外，还应维持正常的候车秩序，监控其他行车设备的运行，突发情况下进行处理及组织乘客疏散。

（1）按照接发列车"四部曲"进行标准化接发车作业。

（2）维持站台候车秩序，提醒乘客排队候车，先下后上。

（3）按照车站运作规定巡视站台区域。

（4）处理屏蔽门故障、夹人夹物、火灾情况等突发事件，组织乘客疏散。

三、列车停站、进出站过程中突发应急、故障处置流程

列车停站、进出站过程中发生车门、屏蔽门夹人、夹物等突发事件影响行车时，站台岗按照"一按、二呼、三显示"的处置程序执行。列车制动后司机立即报行车调度员（简称行调）并与车站联系确认站台情况，不得擅自动车。处置流程如图4-1所示。

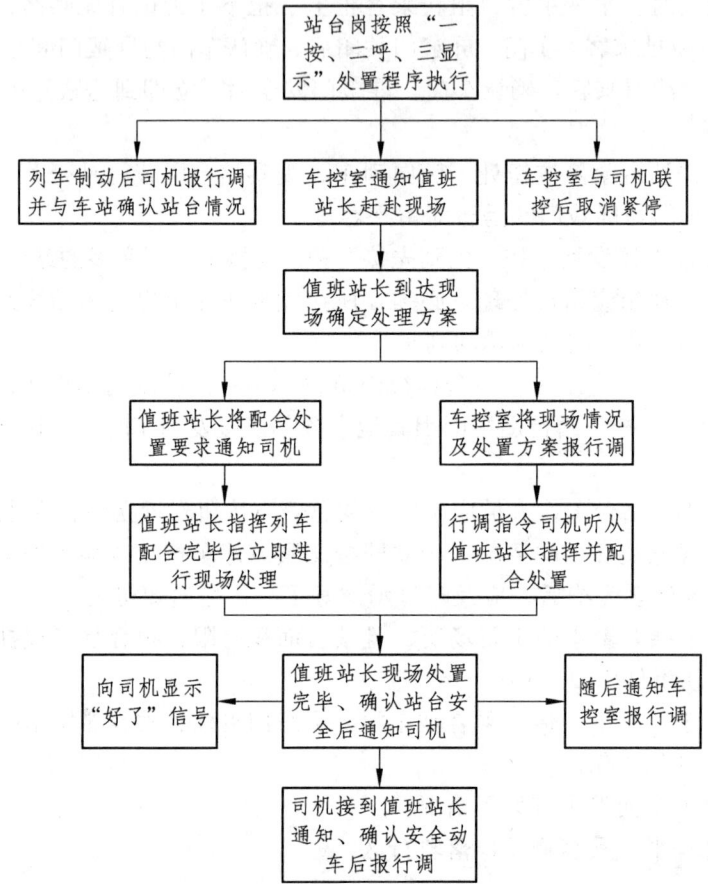

图 4-1 列车停站、进出站过程中突发应急、故障处置流程

第二目 特殊情况下行车作业

一、引导员、监控员

在城市轨道交通运营过程中，当发生突发情况时，为保证运营安全，需组织站务人员作

为引导员或监控员。引导员在列车推进运行时，在列车前端负责瞭望，并与司机随时保持联系，引导列车运行；应掌握联络对讲使用方法，熟练使用标准联控用语；熟悉各类行车标识。监控员需协助司机瞭望前方进路；监控列车运行速度，提醒司机按规定速度运行，必要时立即按压紧急停车按钮。

站务人员担任引导员时应带齐备品，包括方孔钥匙及各类通信工具。做好与行车调度员、司机的联控：优先使用 800 M 与行车调度员联络，使用联络对讲与司机联络；推进过程中需持续告知司机前方进路情况。做好列车速度的监控及前方进路的瞭望：推进运行限速 25 km/h，由远及近、由上至下地瞭望。确认信号机、道岔状态：执行"手指口呼、呼唤应答"制度。引导列车存车线对标停车：应以线路右侧的"3 车""2 车""1 车"白色地标作为参考，应具备"宁欠勿冲"的思想意识。

担任监控员时，应做好列车速度的监控以及前方进路的瞭望；站台作业需仔细确认缝隙安全。

（一）引导员标准化作业程序

1. 登乘时机

列车在运行方向尾端推进运行至就近存车线时，行调通知车站派引导员登乘运行方向头端司机室。

2. 岗位职责

（1）引导员使用方形钥匙开启司机室通往客室的门，在头端司机室负责瞭望，与司机随时保持联系，引导并监控列车运行。

（2）引导过程中，发现任何危及行车安全的因素，立即按压紧急停车按钮并通知司机及行调。

3. 作业流程

（1）根据行调命令经客室自行开启司机室通道门（携带 800 MHz 手持台、400 MHz 手持台、方孔钥匙），登乘头端司机室。

（2）登乘后使用 800 MHz 手持台通知行调及司机（行调先回复、司机后回复），随即使用联络对讲电台与尾端司机进行通话测试。

（3）使用 800 MHz 手持台接收行调命令（行调向司机、引导员同时发布×次凭引导员指令动车推进运行至×存车线的调度命令），并做好监听工作（由司机使用 800 MHz 手持台复诵调令），核对司机复诵调令无误后，使用 800 MHz 手持台回复行调。

（4）确认进存车线信号开放、道岔位置正确、满足动车条件后，使用联络对讲电台通知司机动车（手指口呼）。

（5）沿途认真监控列车速度、道岔位置以及前方进路空闲，运行途中遇道岔，均需告知司机道岔状态（手指口呼）。

（6）列车头部接近引导三车、二车、一车标（即列车距离对位标 60 m、40 m、20 m）时，分别使用联络对讲电台通知司机（手指口呼）。

（7）列车距离对位标 10 m、5 m、1 m 时（引导员凭肉眼判断并预留联控时间），分别使用联络对讲电台通知司机，确保列车精准停车。

（8）列车对标停稳并做好防溜后，听从行调安排或向行调申请出清轨行区。

（二）监控员标准化作业程序

1. 登乘时机

列车以 NRM（非限制式人工驾驶模式）运行时，行调通知车站派监控员登乘司机室（电话闭塞法行车时除外）。

2. 岗位职责

（1）协助司机瞭望、监控速度表，提醒司机按规定速度运行，必要时立即按压紧急停车按钮。

（2）协助司机（"互锁解除"）开关站台门。

3. 作业流程

（1）根据行调命令经端门登乘司机室（携带 400 MHz 手持台、方孔钥匙）。

（2）列车运行过程中对前方进路不间断瞭望，视线在观察列车速度与瞭望进路上间歇性转换。瞭望进路应由远及近，由上至下。瞭望项目包括但不限于信号机开放状态、道岔位置、前方是否有列车占用或线路未出清，以及以下设备设施状态：接触网、疏散平台、轨旁设备、钢轨、站台门、广告灯箱及一切有可能侵入限界的不安全因素。

（3）监控运行速度及运行安全，必要时立即按压紧急停车按钮。

（4）因非限制式人工驾驶模式下车门与站台门无法联动，线网范围内协助司机操作（两类）：

① "开关站台门"：3 号线全线、4 号线非侧式站台。

② "互锁解除"及"开关站台门"：1 号线全线、2 号线全线、4 号线侧式站台（万盛/杨柳河/非遗博览园/明蜀王陵/西河）。

二、电话闭塞法

电话闭塞法是指非正常情况下故障区段内车站（含故障区段两端相邻车站）接行车调度员命令后使用行车电话为列车办理闭塞手续，以路票作为列车占用闭塞区段的行车凭证，来组织故障区段内列车安全运行的一种行车组织方法。此情况下，一个闭塞区段内只允许有一列列车运行。作为一种原始的闭塞法，电话闭塞法对设备的依赖程度低，对人员的业务素质要求高,在信号设备出现故障的情况下是一种可靠的行车组织方法。为保证安全性,一般而言各城市轨道交通会根据自身特点选择不同的电话闭塞方式,下面以成都地铁 1 号线为例,介绍电话闭塞的基本要求。

(1)电话闭塞中使用的电话记录号码自每日 0 时起至 24 时止,按日循环编写电话记录号码,上行方向为偶数,序列号从 002 开始编号,下行方向为奇数,序列号从 001 开始编号。同意或取消闭塞时,每给出一个上行或下行方向的号码,按增加 2 进行顺编,不得重号使用。

(2)列车车次的组成根据具体线路不同会有差异,以成都地铁 1 号线为例,1 号线列车车次为七位数,前三位为服务号、中间两位为交路号、后两位为序列号。

(3)当需电话闭塞时,车站在确认区间空闲、进路准备好后,填写电话记录号,由外勤岗填写路票。总体而言,电话闭塞法需做好三关,即"区间空闲关""进路关""路票关",其中"路票关"站务员涉及较多。

(4)采用电话闭塞法组织行车时,车站须设外勤岗,外勤岗由经培训合格的站务人员(通常为站务员)担任,外勤岗职责包括填写路票,监控列车到达,向车控室报告,收回旧路票划"×"作废,由司机核对路票,递交路票,监控好乘客上车及站台安全,监控列车出清,向车控室报告。详细操作流程如图 4-2 所示。

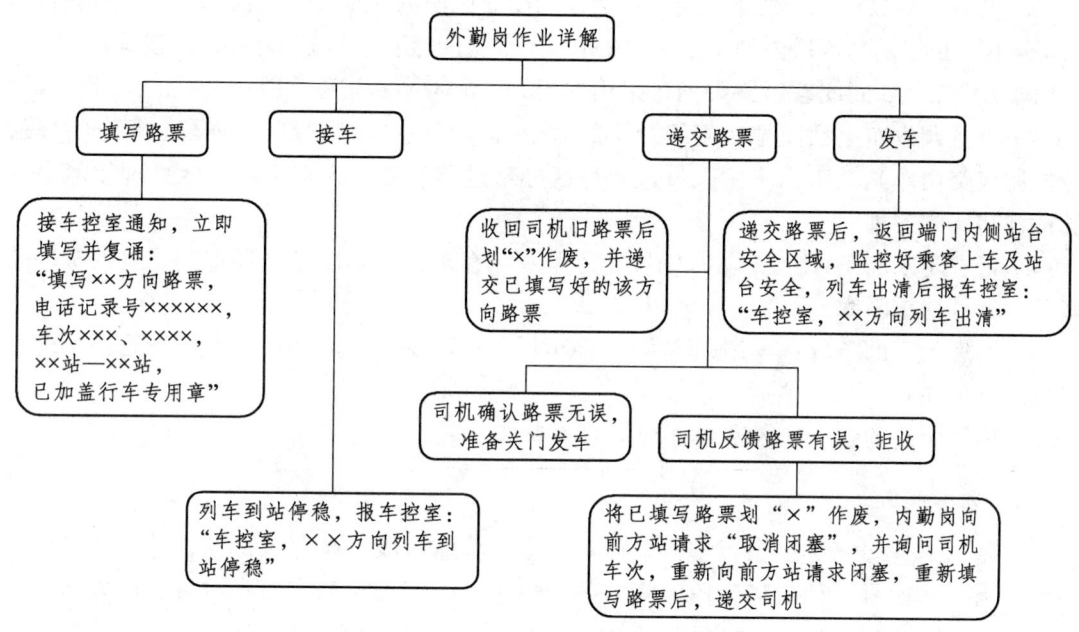

图 4-2 外勤岗作业流程

在电话闭塞过程中,外勤岗应关注以下几点:
① 核对路票填写内容与内勤岗通知内容一致。

② 回收路票划"×"作废。
③ 每列列车到达本站停稳、尾部出清后，及时向内勤岗报告。
④ 递交路票后，返回端门内侧站台安全区域，监控好乘客上车及站台安全。

（一）启用条件

（1）遇 OCC 中央工作站及车站工作站均无法对一个或多个联锁区内运行车辆进行监控时，应停止使用基本闭塞法，改用电话闭塞法行车。

（2）遇折返站采用站前折返方式且折返进路上的道岔故障需人工扳动时，应采用电话闭塞法组织折返。

（3）车辆段（停车场）与正线联锁失效或信号接口故障时，应停止使用基本闭塞法，改用电话闭塞法行车。

（二）组织原则

（1）行调发布停止基本闭塞法，改用电话闭塞法组织行车命令前必须确认电话闭塞区段内全部列车到站停稳，且电话闭塞区段内所有区间空闲。

（2）电话闭塞法行车，列车以路票作为占用闭塞区段的凭证，一个闭塞区段内只允许有一列列车运行。正线闭塞区段内列车采用 NRM（EUM/ATP 切除，限速 60 km/h）模式运行，车站与车辆段（停车场）间闭塞区段内列车采用 NRM（EUM/ATP 切除，限速 25 km/h）模式运行。

（3）当行调发布电话闭塞法组织行车的命令后，相应区域轨行区管理权、行车指挥权、设备控制权交由车站负责，车站人员进轨行区办理进路、专业人员进轨行区处理故障由车站负责把控和具体安排。

（4）请求闭塞的条件：车站/车辆段（停车场）在确认发车闭塞区段空闲，且发车进路准备好后，方可请求闭塞。

（5）同意闭塞的条件：车站/车辆段（停车场）在确认接车闭塞区段空闲，且接车进路准备好后，方可同意闭塞请求。

（6）取消闭塞的条件：闭塞已办理，列车尚未动车。

（三）列车定位

（1）采用电话闭塞法组织行车前，行调需组织故障区段列车停车待令，并与司机核定列车位置及完整车次号。如故障区段区间内停有列车，行调确认列车停车位置至前方站线空闲且无道岔后，应及时组织区间内列车以 RM（限速 25 km/h）模式运行至前方车站停车待令；如列车停车位置至前方站线空闲，但列车停车位置前有道岔，行调应通知相关车站对道岔进行单锁或采用钩锁器锁定，方可通知司机运行至前方站。

（2）行调确认故障区段所有列车到站停稳后，填写《故障区段列车定位卡》，值班主任同时进行复核。

（3）行调定位列车的同时将故障信息通报相关车站，确认列车位置及完整车次号后，及时向相关车站通报列车位置及完整车次号，车站值班员应根据行调通报、《车站计划表》对本站及相邻车站列车车次、顺序进行认真核对确认，如列车位置或车次有误，应立即向行调反馈。

（四）发布命令

（1）故障区段内所有列车在站线停稳并定位无误后，行调方可向相关车站值班员和全线司机发布按电话闭塞法组织行车的命令。

（2）车站值班员接到改用电话闭塞的调度命令后，根据行调通报列车位置及《车站计划表》再次确认前后区间是否空闲，若区间仍有列车，应立即向行调汇报；行调接到汇报后，立即通知车站值班员停止执行该命令。

（3）司机接到改用电话闭塞的调度命令后，发现仍停在电话闭塞区段的区间内，应立即向行调汇报，并及时通知前方和后方站的车站值班员，行调接到汇报后，立即通知相关车站值班员停止执行该命令。

（五）车站间作业程序

（1）首列车车站根据行调通报列车位置及《车站计划表》判明区间是否空闲，位置不清时，值班员应及时向行调核对；后续列车凭前次列车出清点作为确认发车闭塞区段空闲的凭证。

（2）确认区间空闲，发车站准备发车进路，接车站准备接车进路。

（3）发车进路准备妥当，发车站向接车站请求闭塞；接车站确认区间空闲、接车进路准备妥当后，同意闭塞。

（4）发车站取得接车站同意闭塞的电话记录号码后，填写路票。

（5）车站安排人员担任外勤岗，填写路票，与司机交接路票。交接路票时，司机须核对路票是否有电话记录号和行车专用章，诵读确认车次、区间、运行路径及反方向运行章，双方确认无误后，外勤岗监控好乘客上车及站台安全。司机凭路票关闭屏蔽门和车门后动车。

（6）当列车出清站线后，外勤岗向车控室报告列车出清情况。

（7）行值根据外勤岗报告填写《行车日志》，向前方站报列车出清时分后，再向后方站报出清时分；行调指定的报点车站须向行调报告本站列车的到达及出清时分。

（六）取消闭塞程序

（1）当发车站需取消闭塞时，值班员立即通知司机及发车人员，由发车人员收回路票并划"×"作废。

（2）当接车站需取消闭塞时，接车站值班员应首先通知发车站值班员；发车站值班员立即通知司机及发车人员，由发车人员收回路票并划"×"作废。

（3）提出取消闭塞值班员给出电话记录号。

（七）恢复基本闭塞法

（1）当车站接到行车调度故障区段信号设备恢复的通知后，立即利用行车间隔组织车站及信号人员现场拆除钩锁器，恢复遮断器。当故障区段信号设备恢复、钩锁器全部拆除、遮断器全部恢复（日常已断电钩锁的道岔除外）、线路出清，各联锁站配合信号人员利用行车间隔检查设备恢复正常后报行调。行调确认满足基本闭塞法行车条件，向车站发布取消电话闭塞法的调度命令，再向司机发布取消电话闭塞法的调度命令。

（2）下达取消电话闭塞法的命令后，如路票已交付，列车已动车，则列车可继续按电话闭塞法运行至下一站，恢复正常行车；如路票已交付，列车尚未动车，车站值班员应立即通知司机及外勤岗，由外勤岗收回路票并划"×"作废，恢复正常行车。

（八）其他规定

（1）采用电话闭塞法组织行车时，站后折返按调车作业方式办理，司机使用 NRM（EUM/ATP 切除）模式限速 25 km/h 进行调车作业。

（2）采用电话闭塞法组织行车时，站前折返车站在发出列车尾部越过折返进路上所有道岔后，方能向相邻车站报上行/下行列车发车点，相邻车站默认上行/下行列车发车点为下行/上行列车出清点。

（3）采用电话闭塞法组织行车时，车辆段（停车场）与车站间接发列车均按正向行车办理，不加盖"反方向运行"专用章，但需在路票运行方向箭头上方注明走行径路。

（4）采用电话闭塞法组织列车回段时，车站向车辆段（停车场）发车不变更列车车次，沿用正线车次回段。

（5）采用电话闭塞法组织行车时，由行调指定车站向行调报到发点。

（6）列车定位及核对路票时必须确认完整车次，其余联控呼叫列车车次前三位。

（7）按电话闭塞法组织行车，调度、站务、乘务应指派管理人员到现场监控，强化现场的监督、指导和卡控。

（8）按电话闭塞法组织行车时，车站值班站长、调度指挥中心值班主任须及时到现场进行监控；行车时长超过 30 min，调度、站务、乘务管理人员应到现场监控；行车时长超过 60 min，运营公司领导、调度、站务、乘务负责人应到现场监控。

第三目　行车设备操作

一、手摇道岔

（一）道岔位置判断及故障现象

（1）道岔除使用、清扫、检查或修理时外，经常保持的位置为道岔定位，反之为反位。

一般情况下，若道岔保持在直股位置，即开通直股时，道岔为定位；开通侧股时，道岔为反位，如图 4-3 和图 4-4 所示。

（2）当在信号系统上无法判断道岔位置及发生故障时，如上道岔红闪，道岔定（反）位无表示、无法操作，ATS/LCW（本地控制工作站）上进路无法排列，或单操红闪的道岔，此时需人工办理进路。

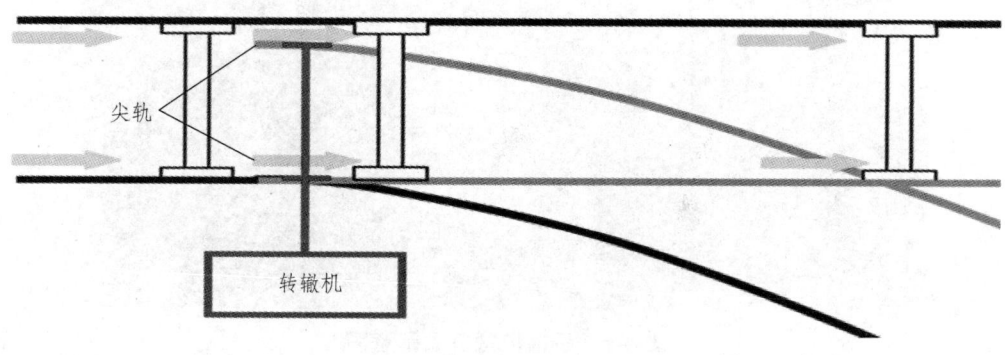

图 4-3 道岔开通定位示意图

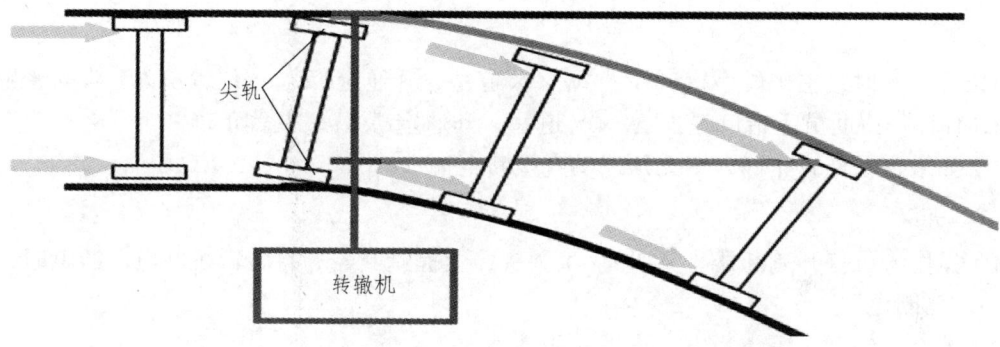

图 4-4 道岔开通反位示意图

（二）手摇道岔备品准备

当道岔故障时，成都地铁下线路人员携带的备品如图 4-5 所示。

（三）手摇道岔"六步曲"

1．"一看"

（1）每到达一副新道岔后，值班站长与随行人员应迅速判断道岔状态。

（2）当位置错误时，主操员手指口呼："W××道岔，开通定/反位，位置错误，缝隙无异物，已加锁/未加锁。"协助员手指口呼："W××道岔，开通定/反位，位置错误。"

图 4-5　手摇道岔备品示意图

1—钩锁器；2—扳手；3，4，5，6—（电动）手摇把；7—800 M 对讲机；8—400 M 对讲机；
9，10，11，12—开闭器/钩锁器锁头钥匙、钩锁器锁头、屏蔽门钥匙；13—棉纱手套；
14—信号灯；15—荧光衣；16—安全帽

当位置正确时，主操员手指口呼："W××道岔，开通定/反位，位置正确，尖轨密贴，已加锁/未加锁。"协助员手指口呼："W××道岔，开通定/反位，位置正确。"

（3）如果道岔位置正确，则无须摇动直接断电加锁。

2．"二开"

（1）操作人员打开遮断器（见图 4-6）锁头，上提遮断器，将转辙机断电。断电时，要手指口呼："已断电"。

（2）若有钩锁器，需先断电，再拆除钩锁器。

　　　断电前　　　　　　　断电后
图 4-6　遮断器示意图

3."三操作"

(1)与随行站务人员配合将道岔摇到正确位置,听到落槽声后停止摇动,口呼:"听见落槽声"。

(2)随行站务人员确认口呼:"听见落槽声"。

4."四加锁"

(1)用钩锁器在尖轨与基本轨密贴一侧的第一连接杆后方钩锁道岔。

(2)确认钩锁器稳固,如图4-7所示。

(3)加锁锁头。

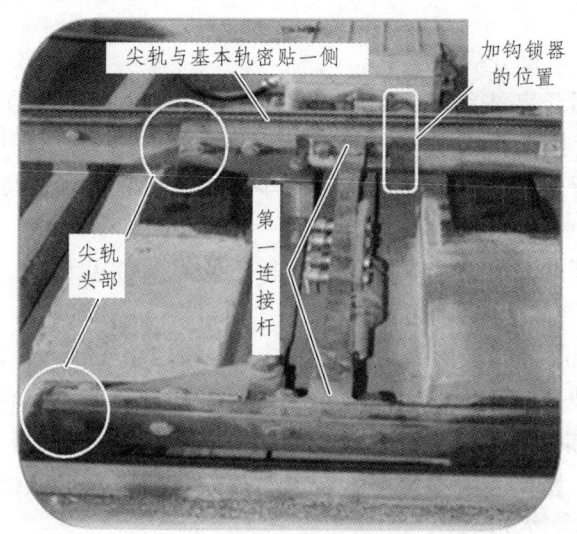

图4-7 加钩锁器的位置示意图

5."五确认"

(1)将道岔转换至正确位置后站于尖轨前1 m处,随行人员手指口呼:"W××道岔,开通定/反位,开通位置正确,已加锁。"

(2)值班站长做好监控。

6."六汇报"

(1)在移动过程中由值班站长使用800 M对讲机向车控室汇报:"车控室,××道岔开通定/反位,已加锁。"

(2)整条进路准备好后,值班站长带领下线人员到安全位置,用800 M报告车控室:"车控室,××进路已准备好,工器具出清,人员已到安全位置。"

(3)调车作业需显示道岔开通信号时,下线人员先报告车控室,值班站长再用800 M联系司机:"×××次司机,××线至××线进路准备好,请确认道岔开通信号",同时显示道岔开通信号(白色灯光高举头上左右摇动),待司机鸣笛后收回。

二、站台门操作

（一）站台门操作注意事项

当站台门发生故障或应急情况时，站务员需进行处理，并根据不同的设备进行相应的应急操作，但在操作中应注意如下事项。

1. 站台门操作注意事项

（1）开关端墙门时，应慢开稳放，避免关闭太快而导致玻璃破裂。

（2）使用端墙门后，必须确认其关闭并锁紧，运营时段无论开启端门时间长短，现场均需有人守护。

（3）列车进出站时，不得开启端墙门。

（4）有列车运行期间开启站台门（端墙门除外）时，必须报告行车调度员同意后方可开启。故障处理按相应规定执行。

（5）站台故障门进行处理时，应在前一站列车发车前停止处理，待列车出清后，再进行后续处理。

（6）车站员工配合开端墙门前，必须报告车控室同意后方可开启；运营期间，严禁保洁进入端墙门内打扫卫生。

（7）若站台门故障或站台门玻璃破裂、破碎时，车站均须安排人员现场监控并设置防护，确保安全。站台门玻璃破裂时，现场人员须戴护目镜；站台门玻璃破碎时，现场人员须戴护目镜、防穿刺手套，同时束紧领袖，防止碎渣从领袖扣进入，并采用侧身、扭头姿势进行处理。

（8）在互锁解除前，操作人员必须与站台人员做好联控，在确认站台安全，特别是开启的站台门对应站台安全后，方可操作。

（9）非紧急情况下，不得使用应急门。处理故障操作 PSL 盘时，注意安全，小心脚下，避免掉落轨行区。

（10）处理故障操作 LCB 时，拿对钥匙，拧对方向，切勿因紧张将"关门"位打至"隔离"位。

（11）处理故障需操作开启滑动门的 LCB 时，钥匙拿稳，避免掉入轨行区。

（12）使用站台门增高台时，站稳扶好，避免摔倒。

（13）遇站台门打火故障时，沉着冷静，及时上报，放置灭火器，注意自身与乘客安全。

（14）遇站台门破裂需要下轨行区清扫时，穿戴好防护用品，在轨行区走行及清扫过程中注意人身安全。

2. 站台门安全注意事项

（1）头、尾端 PSL 盘不能同时操作。

（2）操作 PSL 盘开、关门按钮时，应按到底，并持续 1 s；若无效，重复 1 次；仍然无效后执行后续操作。

（3）PSL盘"就地控制""互锁解除"钥匙打至禁止位方可拔出。

（4）操作IBP盘开、关滑动门需行车调度员授权。

（5）操作LCB的过程中，门体运行到位后方可进行下一步操作。

（6）操作"互锁解除"接发电客车时，应保持在"开"位，直至应急处理结束（1号线PSL盘"门打开状态"黄色指示灯熄灭，"关闭且锁紧"绿色指示灯亮起；2、3、4号线PSL盘"互锁解除"红色指示灯亮起）。

（7）应保证每节车厢至少有一道滑动门可正常上、下客。

（8）应急处理时，站务员、维修人员必须正确穿戴、使用劳动防护用品和用具。

（9）抢修过程中，行车值班员在确保行车前提下，做好抢修人员的安全监护，在前一站电客车发车前，通知维修人员停止抢修。

（10）故障发生后，车站应安排相应人员值守故障门至故障修复或运营结束，做好乘客引导及站台安全防护；监控是否有乘客将关闭的故障门手动解锁。除正常上、下车外，严禁乘客靠近故障门，动车前司机确认间隙安全。

（11）故障门恢复正常后，站务员应及时撤除警示标识。

（二）站台门故障处置程序

1. 单道门及多道门不能关闭故障快速处理流程

（1）单道滑动门不能关闭故障快速处理流程。

①站务人员操作故障门LCB至"关门"位，关闭该故障门。

②站务人员完成操作向司机显示"好了"信号。

③次趟电客车进站，开启整侧其余滑动门时，站务人员操作故障滑动门LCB至"开门"位。

④乘客上下车完毕，关闭整侧其余滑动门时，站务人员操作故障滑动门LCB至"关门"位。

⑤如操作故障滑动门LCB开、关门时未正常动作，则停止操作，执行应急处理指南。

⑥故障滑动门关闭到位后，站务人员操作故障滑动门LCB至"自动"位，观察故障滑动门门头指示灯熄灭，则完成操作，若故障滑动门门头指示灯未熄灭，则操作故障门LCB至"关门"位，并进行故障申报。

（2）多道滑动门不能关闭故障快速处理流程。

①站务人员通知司机重新操作开、关一次整侧滑动门。

②若故障仍未恢复，则由站务人员操作互锁解除接发电客车，并做好站台安全防护，执行应急处理指南。

2. 站台门与信号不联动开、关门故障

（1）同一车站单次站台门与信号不联动开、关门故障。

①司机操作PSL盘"互锁解除"到"开"位，并保持至开、关门作业完毕（1、2、10号

线需要操作"互锁解除"），操作"就地控制"到"允许"位。

②按"开门"按钮，打开该侧滑动门（天府广场1、太平园3上行、火车南站7需站务人员配合操作PSL盘进行站台门开、关门作业）。

③上下客完毕后，按"关门"按钮，关闭该侧滑动门。

（2）同一车站多次（连续两次及以上）站台门与信号不联动开、关门故障。

①站务人员操作PSL盘"互锁解除"到"开"位，并保持至开、关门作业完毕（1、2、10号线需要操作"互锁解除"），操作"就地控制"到"允许"位。

②按"开门"按钮，打开该侧滑动门（天府广场1、太平园3上行、火车南站7需站务人员配合操作PSL盘进行站台门开、关门作业）。

③上下客完毕后，按"关门"按钮，关闭该侧滑动门。

3. 单道或多道滑动门不能开启或关闭

（1）单道滑动门不能开启。

①站务人员操作故障门LCB到"关门"位。

②在故障门（关闭的滑动门）上张贴警示标识。

③车站安排相应人员值守故障门，做好乘客引导及站台安全防护，监控是否有乘客将关闭的滑动门手动解锁。

（2）多道滑动门不能开启（二至六道滑动门）。

①根据客流情况必须开启的故障门（应保证每节车厢至少有一道滑动门可正常上下客），站务人员操作LCB到"开门"位开启；若无效，则采用四角钥匙人工开启。

②上下客完毕后，操作其他未开启故障门LCB到"关门"位。

③在故障门（关闭的滑动门）上张贴警示标识。

④车站安排相应人员值守故障门，做好乘客引导及站台安全防护，监控是否有乘客将关闭的滑动门手动解锁，除正常上下车外，严禁乘客靠近开启的滑动门。

（3）单道滑动门不能关闭。

①站务人员操作故障门LCB到"关门"位，关闭该故障门。

②若无效，则保持现状（LCB在"关门"位）。

③若出现故障门反复弹开、关闭的情况，操作LCB到"开门"位。

④在故障门（关闭的滑动门）上张贴警示标识。

⑤车站安排相应人员值守故障门，做好乘客引导及站台安全防护，监控是否有乘客将关闭的滑动门手动解锁，除正常上下车外，严禁乘客靠近未关闭的滑动门。

（4）多道滑动门不能关闭（二至六道滑动门）。

①站务人员操作故障门LCB到"关门"位，关闭故障门。

②若无效，则保持现状（LCB在"关门"位）。

③若出现故障门反复弹开、关闭的情况，操作该故障门 LCB 到"开门"位。

④根据客流情况必须开启的故障门（应保证每节车厢至少有一道滑动门可正常上下客），操作 LCB 到"开门"位。

⑤在故障门（关闭的滑动门）上张贴警示标识。

⑥车站安排相应人员值守故障门，做好乘客引导及站台安全防护，监控是否有乘客将关闭的滑动门手动解锁，除正常上下车外，严禁乘客靠近未关闭的滑动门。

4. 整侧滑动门不能开启或关闭故障

（1）整侧滑动门不能开启故障（七道及以上滑动门均按整侧处理）。

①电客车停在对标误差范围内，整侧滑动门不能联动开启时，司机操作头端 PSL 盘开启整侧滑动门。

②若无效，复位"就地控制"并拔出钥匙，司机向行调报告故障情况，行调指示行车值班员操作 IBP 盘配合开启整侧滑动门。

③仍然无效时，根据客流情况必须开启的故障门（应保证每节车厢至少有一道滑动门可正常上下客），站务人员操作 LCB 到"开门"位开启；无效时采用四角钥匙人工操作开启。

④站务人员引导乘客从开启的滑动门上下车。

⑤上下客完毕后，司机凭站务人员"好了"信号和行调指令动车。

⑥站务人员操作其他未开启故障门 LCB 到"关门"位。

⑦在故障门（关闭的滑动门）上张贴警示标识。

⑧车站安排相应人员值守故障门，做好乘客引导及站台安全防护，监控是否有乘客将关闭的滑动门手动解锁，除正常上下车外，严禁乘客靠近开启的滑动门。

（2）整侧滑动门不能关闭故障（七道及以上滑动门均按整侧处理）。

①上下客完毕后，整侧滑动门不能联动关闭时，司机操作头端 PSL 盘开、关整侧滑动门。

②若无效，司机复位并取出 PSL 盘操作钥匙，向行调报告故障情况。

③站务人员到达头端操作 PSL 盘"互锁解除"到"开"位，并保持至应急处理结束。

④司机凭站务人员"好了"信号和行调指令动车。

⑤电客车出清后，根据客流情况必须开启的故障门（应保证每节车厢至少有一道滑动门可正常上下客），站务人员操作 LCB 到"开门"位。

⑥操作其他未关闭故障门 LCB 到"关门"位。

⑦在故障门（关闭的滑动门）上张贴警示标识。

⑧车站安排相应人员值守故障门，做好乘客引导及站台安全防护，监控是否有乘客将关闭的滑动门手动解锁，除正常上下车外，严禁乘客靠近开启的滑动门。

5. 应急门显示开启故障

（1）1 号线一、二期应急门显示开启故障。

①站务人员打开故障应急门对应的顶箱盖板,按下故障应急门旁路开关,将故障应急门旁路。

②站务人员关上并锁闭打开的顶箱盖板。

③车站安排相应人员值守故障门,做好站台安全防护。

(2)2号线、4号线一期应急门显示开启故障。

①站务人员操作相邻滑动门LCB到"关门"位,将故障应急门及相邻滑动门旁路。

②在故障门(关闭的滑动门)上张贴警示标识。

③车站安排相应人员值守故障门,做好乘客引导及站台安全防护,监控是否有乘客将关闭的滑动门手动解锁。

(3)1号线三期、4号线二期、7号线、10号线应急门显示开启故障。

①站务人员操作故障应急门旁路开关,将故障应急门旁路。

②车站安排相应人员值守故障门,做好站台安全防护。

(4)3号线一期应急门显示开启故障。

①站务人员到达头端操作PSL盘"互锁解除"到"开"位,并保持至应急处理结束。

②站务人员打开故障应急门对应的顶箱盖板,按下故障应急门旁路开关,将故障应急门旁路。

③站务人员关上并锁闭打开的顶箱盖板。

④车站安排相应人员值守故障门,做好站台安全防护。

(5)端门显示开启故障。

①站务人员确认故障,重新开、关端门两次,若故障仍然存在,向行车值班员报告。

②在故障门上张贴警示标识。

③车站安排相应人员值守故障门,做好站台安全防护,严禁非允许人员进入轨行区。

6. 信号系统未收到所有门"关闭且锁紧"信号故障

(1)电客车进站前未收到所有门"关闭且锁紧"信号,发生紧急制动故障。

①司机立即报行调,行调要求车站确认站台区域安全。

②站务人员确认站台安全后,司机根据行调指令,进站对标停车,进站前司机确认轨行区安全。

③若上下客完毕故障仍不能恢复,站务人员操作PSL盘"互锁解除"到"开"位,并保持至应急处理结束,接发后续电客车。

(2)滑动门关闭后,电客车发车时未收到所有门"关闭且锁紧"信号故障。

①司机立即报行调,行调要求车站确认站台区域安全。

②站务人员确认站台安全后,司机根据行调指令动车。

③若故障不能及时恢复,站务人员操作PSL盘"互锁解除"到"开"位,并保持至应急

处理结束，接发后续电客车。

（3）电客车出站过程中，发生所有门"关闭且锁紧"信号丢失，发生紧急制动故障。

① 司机立即报行调，行调要求车站确认站台安全。

② 站务人员确认站台安全后，司机根据行调指令动车。

③ 若故障不能及时恢复，站务人员操作 PSL 盘"互锁解除"到"开"位，并保持至应急处理结束，接发后续电客车。

7. PSL 盘"互锁解除"命令失效故障

① 电客车无法收到所有门"关闭且锁紧"信号，且站台头端 PSL 盘"互锁解除"命令失效时，司机报告行调并根据行调指令动车。

② 站务人员操作尾端 PSL 盘"互锁解除"到"开"位，并保持至应急处理结束，接发后续电客车。

③ 若首末端 PSL 盘"互锁解除"均失效，司机报告行调并根据行调指令动车。

8. 打火故障

如有可见火花，站务人员戴好绝缘手套操作相应滑动门 LCB 到"关门"位，张贴警示标志，做好现场安全防护，车站安排相应人员现场值守。

9. 轨行区站台门异物故障

① 有可能影响行车的异物，如小型漂浮物、站台门轨行区松动的设备等（小型漂浮物通常指地铁高架及地面线路的胶带、纸张等），这类异物没有出现在轨行区门槛附近，一般影响较小，如该类异物发现人员确认不影响行车或已固定在线路旁，向行车值班员报告或上报行调、维调，待运营结束后由维修人员处理，如果该类异物继续移动与车体接触，要及时申请进入轨行区间处理。轨行区松动的设备，需要及时加固处理。

② 若发现影响行车的异物、线路旁侵限的设备、外界大型物体等异物，发现人员确认故障是否影响行车安全，向行车值班员报告或上报行调、维调，行调组织现场人员应急处置异物，或使异物改变侵入限界状态。

10. 门体玻璃破裂或破碎的故障

（1）滑动门玻璃破裂故障。

① 站务人员立即按压紧急停车按钮，行调组织电客车限速 25 km/h 至应急处理完毕，电客车限速后取消紧停。

② 站务人员操作故障门 LCB 到"关门"位，戴好护目镜，用封箱胶纸将破裂玻璃进行"米字形"密实粘贴，防止突然爆裂。

③ 完成破裂玻璃粘贴后，操作故障门 LCB 到"开门"位。

④ 车站安排相应人员值守故障门至运营结束，做好乘客引导及站台安全防护，除正常上

下车外,严禁乘客靠近开启的滑动门。

⑤应急处理完毕后恢复正常行车速度。

(2)应急门或固定门玻璃破裂故障。

①站务人员立即按压紧急停车按钮,行调组织电客车限速25 km/h至应急处理完毕,电客车限速后取消紧停。

②站务人员操作相邻滑动门LCB到"开门"位,戴好护目镜,用封箱胶纸将破裂玻璃进行"米字形"密实粘贴,防止突然爆裂。

③车站安排相应人员值守故障门至运营结束,做好乘客引导及站台安全防护,严禁乘客靠近破裂的应急门或固定门。

④维修人员到达后,根据现场情况决定是否需要再次限速。

(3)端门玻璃破裂故障。

①站务人员立即按压紧急停车按钮,行调组织电客车限速25 km/h至应急处理完毕,电客车限速后取消紧停。

②在无电客车进出站情况下(无活塞风),站务人员戴好护目镜,采用四角钥匙人工开启端门,并用封箱胶纸将破裂玻璃进行"米字形"密实粘贴,防止突然爆裂。

③完成破裂玻璃粘贴后,保持故障端门开启并固定,操作相邻滑动门LCB到"关门"位。

④车站安排相应人员值守故障门至运营结束,做好乘客引导及站台安全防护,严禁乘客靠近破裂的端门,防止未授权人员进入轨行区。

⑤应急处理完毕后恢复正常行车速度。

(4)门体玻璃破碎故障。

①站务人员立即按压紧急停车按钮,行调组织电客车限速25 km/h至应急处理完毕,电客车限速后取消紧停。

②在无电客车进出站情况下(无活塞风),站务人员戴好护目镜、防刺穿手套,将剩余未脱落玻璃向轨行区敲落。

③站务人员做好相应安全防护,由行车值班员与行调配合,在电客车到达前完成轨顶面上玻璃碎片的清扫。

④站务人员操作故障滑动门LCB到"开门"位并做好安全防护,故障应急门或固定门两侧滑动门的开闭视现场情况而定。

⑤车站安排相应人员值守故障门至运营结束,做好乘客引导及站台安全防护,严禁乘客靠近破碎的门体,防止乘客或物品掉入轨行区。

⑥应急处理完毕后恢复正常行车速度。

11. 操作PSL盘关闭滑动门到位,"就地控制"打至禁止位后,整侧滑动门弹开故障

①司机确认故障,向行调报告。

②行调通知车站配合司机操作 PSL 盘关闭滑动门,并将"就地控制"保持至允许位,直到电客车出清。

③站务人员操作 PSL 盘"就地控制"至禁止位。

三、夹人、夹物应急处理

随着城市轨道交通客流量日益增加,在列车满载、乘客抢上抢下等情况下,极易发生夹人、夹物的情况,为此站务员需掌握夹人、夹物应急处理方法。

1. 夹人、夹物基本处置程序

(1)夹人故障。

①站务员劝导乘客退出滑动门关门区域,等待障碍物检测控制程序自动关闭该滑动门。

②如果乘客拉动滑动门导致门头指示灯闪烁报警,行车值班员通知机电调度组织维修人员维修。

(2)夹物故障。

①站务员确认故障,向行车值班员报告。

②如果门槛及导槽有障碍物阻挡滑动门关闭,尽可能清除障碍物后,操作故障门 LCB 到"关门"位。

③车站安排相应人员值守故障门,做好乘客引导及站台安全防护,监控是否有乘客将关闭的滑动门手动解锁,除正常上、下车外,严禁乘客靠近未关闭的滑动门。

④在故障门上张贴警示标识。

⑤行车值班员通知机电调度组织维修人员维修。

2. 车门、屏蔽门间滞留乘客的处置程序

(1)站台岗发现车门、屏蔽门间滞留乘客时,站台岗应严格执行"一按、二呼、三显示"应急处置程序,并通知值班站长。

(2)值班站长接报车门、屏蔽门间滞留乘客后,立即赶往事发屏蔽门处担任事故处理现场负责人,根据乘客滞留位置判断、确认处理方案并报告行调。

(3)遇乘客滞留位置在滑动门或应急门处,取得行调同意后,值班站长指挥站台岗用屏蔽门专用钥匙手动开启相应滑动门或应急门,乘客回到站台,确认屏蔽门、紧停恢复后,向司机显示"好了"信号。

(4)遇乘客滞留位置在列车与固定门之间,且对应车门有解锁手柄时,取得行调同意后,值班站长通知司机携带备品到相应车门,手动解锁车门,将乘客救出后移交车站处理。

(5)遇乘客滞留位置在列车与固定门之间,且对应车门无解锁手柄时,取得行调同意后,值班站长在确保人身安全前提下组织车站人员击碎固定门,乘客回到站台,做好防护,确认屏蔽门、紧停恢复后,向司机显示"好了"信号。

（6）车站做好乘客安抚工作，按客伤处置程序进行处理。

（7）司机再次确认车门、屏蔽门、缝隙灯正常后凭站台"好了"信号动车。

（8）若车门、屏蔽门滞留乘客已坠入轨行区，按"人或物侵入行车限界事件"应急处置程序处理。

3. 列车在站台关好车门、屏蔽门后，车门、屏蔽门夹人的处置程序

（1）列车未动车，车站人员发现车门、屏蔽门夹人的处置程序。

① 站台岗发现夹人，应严格执行"一按、二呼、三显示"应急处置程序。

② 司机接到夹人的通知后严禁动车，打开站台侧车门、屏蔽门，必要时到现场配合处理。

③ 夹人处理完后，行车值班员在 IBP 盘上取消紧停，再通知站台岗向司机显示"好了"信号，并上报行调。

④ 司机凭站台"好了"信号关闭车门、屏蔽门，动车后报行调。

（2）列车未动车，司机发现车门、屏蔽门夹人的处置程序。

① 司机严禁动车，立即打开站台侧车门、屏蔽门，并使用 400 M 对讲机通知车站现场处理，必要时到现场配合处理。

② 夹人处理完后，站台岗向司机显示"好了"信号。

③ 司机凭站台"好了"信号关闭车门、屏蔽门，动车后报行调。

（3）列车已动车，车站人员发现车门、屏蔽门夹人的处置程序。

① 站台岗发现夹人，应严格执行"一按、二呼、三显示"应急处置程序，并通知值班站长。

② 值班站长接报车门、屏蔽门夹人动车后，立即赶往事发屏蔽门处担任事故处理现场负责人，根据夹人情况判断、确认处理方案并报告行调。

③ 若列车未越过对位标 50 cm，按未动车时的处置程序处理。

④ 若列车越过对位标 50 cm 及以上，车门夹人时，司机严禁打开整列车门、屏蔽门，值班站长通知司机从客室到夹人车门处进行处理，遇夹人车门无解锁手柄，视情况报行调申请退行，退行到位后，按未动车时处理，乘客事务交车站处理。屏蔽门夹人时，严禁打开整列车门、屏蔽门，值班站长指挥站台手动打开夹人屏蔽门进行处理。

⑤ 夹人处理完毕，车门、屏蔽门恢复正常，行车值班员在 IBP 盘上取消紧停，通知站台岗显示"好了"信号，并报行调。

⑥ 司机凭站台"好了"信号动车，司机因瞭望限制无法确认"好了"信号时，凭车站通知动车。

4. 列车在站台关好车门、屏蔽门后，车门、屏蔽门夹物的处置程序

（1）列车未动车，车站发现车门、屏蔽门夹物处置程序。

① 站台岗能够第一时间判断异物不影响行车时，向司机显示"好了"信号。当车门夹物

且异物（如乘客衣物等）需要后续处理时：

　　a. 行车值班员通知前方站做好准备，前方站利用列车开关门间隙对夹物进行处理。

　　b. 如遇岛、侧站台开门方向不一致时，前方站应安排一名保安人员携带 400 M 对讲机跟车陪同、安抚乘客。列车运行至与夹物门开门方向一致的车站处理，如后续均无方向一致的车站，运行至终点站清客后处理（遇乘客意见非常大、情绪不稳时，可联系司机，由司机向行调申请就近处理）。

　　c. 末班车或乘客无返程条件时，列车运行至前方站由司机处理。

　②站台岗能够第一时间判断异物影响行车时，应严格执行"一按、二呼、三显示"应急处置程序，并通知司机打开车门、屏蔽门。

　③由于异物位置较远，站台岗不能第一时间判断异物是否影响行车时，立即通过 400 M 对讲机通知司机严禁动车，司机无应答时立即按压紧急停车按钮，前往现场确认异物类型。若异物不影响行车安全，取消紧停后向司机显示"好了"信号；确认异物影响行车时，通知司机打开车门、屏蔽门。

　④司机重新打开车门、屏蔽门，站台岗处理完毕后，行车值班员在 IBP 盘上取消紧停，通知站台岗向司机显示"好了"信号。司机凭站台"好了"信号关门，动车后报行调。

　（2）列车未动车，司机发现车门、屏蔽门夹物处置程序。

　①司机发现车门、屏蔽门夹物后，暂不打开车门、屏蔽门。

　②视线范围内能确认异物不影响行车时，直接动车报告行调。

　③视线范围内无法确认异物类型时，通过 400 M 对讲机通知站台岗现场确认，并立即报告行调。

　④站台岗接报司机现场确认异物通知，迅速前往现场判断异物类型，若异物不影响行车安全，向司机显示"好了"信号；若异物影响行车安全，通过 400 M 对讲机通知司机重新打开车门、屏蔽门，并进行现场处理，异物处理完毕后向司机显示"好了"信号。

　⑤当司机接到车站通知开门时，打开站台侧车门、屏蔽门，确认车站"好了"信号后关门动车。

　（3）列车已动车，车站人员发现车门、屏蔽门夹物。

　①站台岗判断异物不影响行车安全时，等待下一趟列车进站打开车门、屏蔽门后对屏蔽门夹物进行处理。

　②站台岗判断异物影响行车安全时，应严格执行"一按、二呼、三显示"应急处置程序。

　③若列车未越过对位标 50 cm，按未动车时的处置程序处理。

　④若列车越过对位标 50 cm 及以上，车门夹物时，司机严禁打开整列车门、屏蔽门，司机从客室到夹物车门处进行处理，遇夹物车门无解锁手柄情况报行调申请退行，退行到位后，按未动车时处理，乘客事务交车站处理。屏蔽门夹物时，严禁打开整列车门、屏蔽门，车站

工作人员手动打开夹物屏蔽门进行处理。

⑤夹物处理完毕，车门、屏蔽门恢复正常，行车值班员在 IBP 盘上取消紧停，通知站台岗显示"好了"信号，并报行调。

⑥司机凭站台"好了"信号动车，司机因瞭望限制无法确认"好了"信号时，凭车站通知动车。

5. 车门夹人、夹物进入区间的处置程序

（1）司机接报车门夹人、夹物报警后，通过人工广播安抚乘客，广播词内容"乘客您好！我们已经通知前方车站，列车进站后将有工作人员处理，请勿擅自操作其他应急设备，谢谢合作。"尽量维持列车进站处理，乘客事务交车站处理。

（2）遇乘客解锁车门情况，立即拉停列车，严禁打开整列车车门，通过人工广播安抚乘客并从客室到夹人、夹物车门处进行处理。遇夹人、夹物车门无解锁手柄时，恢复被解锁车门后并安抚、告知乘客车门无法打开。列车进站对标停车后打开车门、屏蔽门，乘客事务交车站处理。

四、手信号显示

特殊情况下列车运行和调车时，有关人员应遵守下列手信号的显示（在正线隧道内和车站，无论白天和夜间均使用夜间手信号）。

（一）徒手信号显示方式

遇发生紧急情况，没有携带信号灯或信号旗时，可用徒手信号显示（见表4-1）。

表4-1　徒手信号显示

序号	徒手信号类别	显示方式
1	紧急停车信号（含停车信号）	两手臂高举头上，向两侧急剧摇动
2	好了信号	单臂向列车运行方向上弧圈做圆形转动

（二）列车手信号显示方式

（1）停车信号：要求列车停车。

①昼间——展开的红色信号旗；夜间——红色灯光。

②昼间无红色信号旗时，两臂高举头上向两侧急剧摇动；夜间无红色灯光时，用白色灯光上下急剧摇动，如图4-8所示。

（2）紧急停车信号：要求司机紧急停车。

昼间——展开红旗下压数次；夜间——红色灯光下压数次，如图4-9所示。

图 4-8　列车停车信号示意图

图 4-9　列车紧急停车信号示意图

（3）引导手信号：准许列车进入车辆段或车站。

昼间——展开的黄色信号旗高举头上左右摇动；夜间——黄色灯光高举头上左右摇动，如图 4-10 所示。

（4）好了信号：某项作业完成。

昼间——用拢起的信号旗做圆形转动或徒手做圆形转动；夜间——白色灯光做圆形转动，如图 4-11 所示。

图 4-10　列车引导手信号示意图

图 4-11　列车好了信号示意图

（5）道岔开通信号：表示进路道岔准备妥当。

昼间——拢起的黄色信号旗高举头上左右摇动；夜间——白色灯光高举头上左右摇动，如图 4-12 所示。

图 4-12　道岔开通信号示意图

车站行车工作案例

事情概况：

2016年10月19日07时18分，韩国首尔地铁5号线金浦机场站发生一起意外死亡事故。乘客金某在车门关闭之际下车，被玻璃防护门（屏蔽门）夹住，卡在列车和玻璃门之间的缝隙中，列车起动出发后，不幸身亡。

据报道，司机收到玻璃防护门异常警告，在停车27 s之后，金某并未从缝隙中被救出，但列车仍关门之后正常出发，因此酿成惨剧。分析指出，玻璃防护门的手动调节开关在月台的两端，若有乘客被卡在列车与防护门之间，司机可下车确认，并通过手动调节开关打开防护门。玻璃防护门和列车车门之间若有长度7.5 mm以上的物体存在时，两侧感应器在探测到异常之后会自动将防护门打开。此外，首尔地铁的玻璃防护门和列车之间的间隔为25～30 cm，事故发生的金浦机场，此间隔为28 cm。

事件分析：

（1）司机收到屏蔽门异常警告后，仍起动列车，这是导致乘客死亡的主要原因。

（2）当时乘客在关门之际下车，这是导致被夹在车门与屏蔽门之间的主要原因。

第二节　票务工作

第一目　日常票务运作

一、现金日常安全管理

（一）现金的存放

（1）车站现金只能存放在车站现金安全区域。各城市轨道交通公司根据自身特点划定安全区域，以成都地铁为例，车站现金安全区域包含票务管理室、车站票务中心（客服中心，含临时票亭）及TVM钱箱。车站现金安全区域在操作时必须做好安全保护，非操作时必须处于安全锁闭状态。除当班票务工作人员、站长、中心站管理人员、站务中心票务管理人员或以上级别人员外，其他人员必须得到当班值班站长或以上级别人员的许可，并由当班客运值班员陪同方可进入票务管理室和车站票务中心（客服中心）。

（2）在划定安全区域的同时，需制定管理规定，以成都地铁为例，车站需设立台账，记录进入人员、进入原因、进入时间以及离开时间。当班客运值班员离开票务管理室时，票务管理室内所有人员必须随同离开，不得逗留。在非运营时间，除当班客运值班员、值班站长及站务员需要进行票务相关工作外，任何人员不得进入票务管理室；特殊情况时需由当班值班站长及以上职务人员同意并陪同进入。车站票务运作闭路电视监控设备必须24 h开启，录影资料未经批准不得删剪。票款的清点、交接必须在监控范围内进行，不得随意挪动摄像头位置。票务管理室内处理完毕的现金，客运值班员应立即锁入保险柜、钱箱中存放，并且处于监控摄像区域内。车站票务中心（客服中心）应随时保持锁闭状态。对于临时票亭，车站需随时监控临时票亭的安全情况。车站票务中心（客服中心）营业时，应将现金存放于专门的现金抽屉或器皿，不得将现金放在乘客可触及的地方。有两套票务系统的换乘车站，按照终端设备所属线路进行现金补币、回收工作，其余现金管理原则与一般车站一致。现金需从一个安全区域转移到另一个安全区域或者送银行解行时，存放现金的钱箱需上锁，并由两名工作人员负责做好运送途中的安全保护，降低现金被劫的风险。

（二）车站现金的交接

为保证现金正常使用，各城市轨道交通企业制定了现金交接规定，以成都地铁为例，其车站现金交接要求如下：

1. 现金交接原则

（1）纸币：在监控范围内，双方当面清点金额后签认交接。用扎钞纸、信封加封的纸币，如加封及印章、签字完整，可凭加封金额交接。

（2）硬币：在监控范围内，对已加封的硬币交接时，确认加封正确完好后可凭加封金额签认交接；对零散硬币按实点数签认交接。

（3）车站进行现金交接时，需做好交接记录。

2. 客运值班员与售票员之间的交接

备用金的交接：客运值班员与售票员交接备用金时，双方应当面清点确认后，在《客运值班员交接班簿》上注明备用金金额，双人盖章确认；然后，在票务管理子系统对应模块录入交接数据。增配备用金的交接：客运值班员向售票员增配备用金时，双方应当面清点确认后，在《客运值班员交接班簿》上注明增配备用金金额，客运值班员盖章确认，并在票务系统录入增配金额。结账时的票款交接：售票员每班工作结束后，应将所有现金锁入售票盒，到票务管理室与客运值班员共同清点。客运值班员与售票员在监控范围内当面清点所收款项后，以实点数填写《客运值班员交接班簿》，双人签章确认，现金交由客运值班员保管。完成后在票务管理子系统"售票员上交票款"模块录入交接数据。完成结算后，按照"长款上交、短款补齐"的原则，售票员对于差额部分具体处理流程如下：

（1）对长款部分作为溢收如数上交。

（2）所有短款均需当场补齐，客值在系统内按照实际补交金额对售票员进行现场补短款操作。

（3）如补款金额明显异常或票务中心另有通知，可待票务中心审核后，按照实际短款金额下发《补款通知书》，车站按《补款通知书》中规定的时间补款。

（4）原补交短款与实际补短款不符时，处理流程如下：

① 补交短款流程。

票务中心对车站现金的收益审核后，认定实际短款金额与原补款金额不一致的，若审核后的短款金额大于售票员实际补交短款金额，由票务中心另行下发《补款通知书》，车站按《补款通知书》中规定的时间补款。

② 退款流程。

若审核后的短款金额小于原补款金额的，由票务中心另行下发《补款更正通知书》。票务中心将审批后的《补款更正通知书》提交财务部后，由财务部通知站务中心办理退款事宜。车站票务人员若对现场补齐短款的金额有异议，需先按相关操作要求补齐短款，并于次日起3个工作日内，到票务中心进行查询，并根据查询结果，根据"补交短款流程"或"退款流程"进行处理。切勿车站自行裁定或直接不补短款。

二、车票的安全管理

（一）车票的存放

（1）通常而言，车票只能存放在车站安全区域，各城市轨道交通公司根据自身特点划定安全区域，以成都地铁为例，车票只能存放于票务管理室、车站票务中心（客服中心，含临时票亭）、TVM 票箱、BOM 票箱、出站闸机票箱、车票回收箱，除非特殊原因，任何人不得在其他地点放置车票。

（2）对有值车票，均应根据票种归类存放于上锁的专用文件柜或保险柜中；其他车票应按车票类型（闸机回收票、废票等）归类存放于固定的文件柜。有值车票在运送途中，一律放在上锁的售票盒、票箱或封闭（或上锁）手推车中，由两名员工负责运送和运输途中的安全。

（3）售票员在车站票务中心（客服中心）处理车票时，应将车票放在乘客接触不到的地方。存放于临时票亭的车票须做好防盗工作。

（4）保管车票时，注意防折曲、刻画、腐蚀、潮湿、重压和高温。

（二）车票的加封规定

（1）车票可以根据车票的种类、性质等需要，使用定制票盒、票袋、信封、封条加封，加封后必须保证一经破封无法复原。不同性质的车票应分开加封。

（2）对车票实施加封时，应双人一起加封（其中一人须为当班客运值班员）。加封后，封条上必须注明加封车票种类、车票数量、加封车站、加封人、加封日期、车票来源等。

（3）票盒加封时，用封条在票盒中间部位十字形缠绕后加封；票袋加封时，应将钱袋口用封条缠绕扎紧加封；使用票务专用信封加封时，应采用"工"字加封法，放入车票后将信封口封住，再用封条将信封背面的接缝处封住，最后在信封背面封条骑缝处及封面上盖章；使用封条直接对车票加封时，采用"十"字加封法，将车票整理整齐后用封条进行直接加封，如图 4-13 所示。

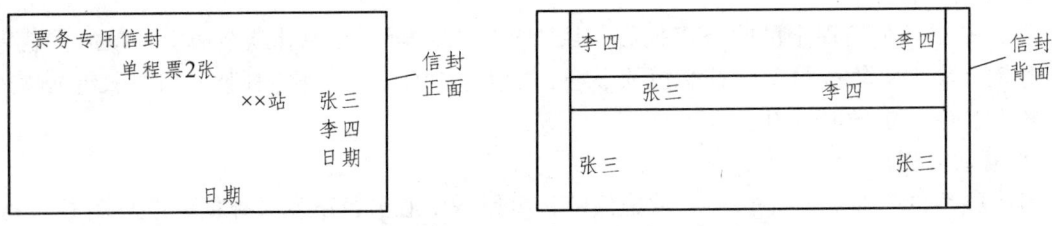

图 4-13　十字、工字加封示意

（三）车票开封清点原则

（1）车站需定期对车票开封清点，各城市轨道交通公司会根据不同阶段及自身特点，制定相应清点规定，以成都地铁为例，车站所有车票的开封、清点须由当班客运值班员与车站人员或配票人员双人在监控仪监视范围内共同完成，单程票的清点可由一名站务人员在监控仪监视范围内完成，但必须有当班客运值班员在票务管理室内。清点时，按照"谁清点，谁负责"的原则做好对应的清点记录。对开封后非即时配出的车票，开封人员需及时对清点过的车票按规定双人加封。车站加封的单程票或预制票，在站间调拨不需要拆封清点。票卡组加封的单程票，在配送、回收、站间调拨中不需要拆封清点。票卡组和车站共同加封的预制票，在配送、回收、站间调拨中不需要拆封清点。盘点日，车票清点方法根据公司、线别不同存在差异性，具体规则需根据公司相关规定执行。

（2）非盘点日，闸机回收的有效车票，车站可直接用于设备补票，运送回票务管理室后可不用清点。

（3）开封后，发现车票数量或信息有误，开封人员需及时报站长或当班值班站长到票务管理室确认，并在相关台账或交接本上做好记录，车票和封条封存，待站长或值班站长核查清楚后方可使用，同时车站应立即将情况上报站务中心，站务中心及时组织调查并在 5 个工作日内将调查情况书面报票务稽查和票务中心。车站需要用票时，可开另一包封口完好的车票。

（四）站存车票的盘点

（1）换乘站车票盘点按照 AFC 设备所属线路分开盘点，盘点数按照 AFC 设备所属线路上报。

（2）单程票盘点工作可以由客运值班员和站务员双人进行，由值班站长复核盘点结果。

（3）每月车票盘点日运营结束后，各站必须由夜班客运值班员与站务员负责全面清空回收、清点车站站存的单程票，认真填记《站务中心车票盘点表》电子档。盘点日，须对票务室、票亭、TVM、AGM 和其他管理房（如会议室、男女更衣室、站长室、车控室等）进行一次全面检查，确保车站范围内没有遗留和遗漏统计的单程票。检查时，注意核查手推车、票箱、硬币钱袋、售票盒、票柜、保险柜等备品内有没有车票遗留。

（五）车站异常车票处理

对于涉及乘客事务处理的异常车票，售票员按照规定进行车票更新操作，更新后的车票交与乘客使用。若收到 TVM 无效票、出闸无效票，售票员结算时将车票数量录入系统。无效车票则作为车站废票，按照废票流程进行加封、上交工作。

三、售票员售卖操作程序

1. 准备售票

售票员到客运值班员处报到，领取备用金、车票等，按实际数量签收交接，并在票务管理系统上确认。领取车站票务中心（客服中心）钥匙，同时做好相关票务钥匙使用登记。

2. 开窗售票

售票前，必须使用自己的账号和密码登录。售票时，必须遵守"一收、二唱、三操作、四找零"。车票在交给乘客之前，必须使用半自动售票机进行分析，请乘客通过乘客显示屏确认车票的有效性。售票不接受外币和支票。车票、备用金不足时，售票员必须及时通知客运值班员要求补充，并在《值班员交接班簿》等相关台账上注明，及时录入票务系统，做好交接工作。售票员中途离开车站票务中心（客服中心），若保证票亭在自己视线范围内，可不注销但必须锁定BOM，并随时监视票亭情况，否则必须注销。需要有人顶岗时，不允许售票员间借用车票、现金。

3. 售票结束

售票员注销BOM（临时顶岗或他人顶班时也要进行此项操作）。售票员清理现场本人所有现金，以及在处理乘客事务中收取的车票、报表、单据和个人领用但未售完的车票。售票员清理结束后，立即携带本班所有现金、车票及各类报表回票务管理室。售票员与客运值班员在监控范围内共同清点现金、各票种车票，并完成相关报表和台账的填写。客运值班员检查售票员当班的所有报表是否全部交回且填写正确、完整。客运值班员原则上不售票，特殊情况下，客运值班员顶售票员岗时，由当班值班站长负责为其结算。结算后，所有短款通过现场补短款补齐；如短款金额明显异常，经票务中心确认后下发通知，售票员在规定日期内补缴短款，并随当日票款解行。

四、机、假、残币的处理

（一）残币的定义

（1）残币是指票面撕裂、损缺，或因自然磨损、侵蚀、外观、质地受损，颜色变化，图案不清晰，防伪特征受损，不宜再继续流通使用的人民币。

（2）应加强对票务岗位员工假钞识别方法的训练，提高其假钞识别的能力。

（3）车站相关人员应严格把关，杜绝假钞流入。

（4）车站收取伪钞应遵循"谁收取谁补还"的原则，由收款人自付并及时补足票款。

（二）售票员售票工作中收到的机、假、残币的处理

售票员售票工作中收到的机、假、残币时，应由收款人结账时现场补足，并由客运值班员做好记录，将假币在票务管理室监控镜头下单独封包，并填写《假币上缴清单》。每周星期一由车站客运值班员按规定流程交票务稽查。

五、专用卡管理规定

（1）一般而言，各城市轨道交通公司会根据自身工作需要制作"地铁专用卡"，其名称和作用不尽相同。以成都地铁为例，地铁专用卡（IC卡）是由公司内部发行的，可用于从事成都地铁建设、运营、服务及维护等工作的人员乘车、进出付费区域或进出带门禁的区域和设备用房的有效凭证。

（2）根据需求不同，专用卡种类不同，各城市轨道交通企业制定不同的管理细则。以成都地铁为例，员工卡仅限本人乘车、进出带门禁（如有需要）的区域及设备和管理用房，严

禁转借他人使用。公安卡仅限本人乘车，不得转借他人使用。外服卡仅限本人乘车，外服卡与能证明身份的证件配套使用，不得转借他人使用。见习卡仅限见习员工本人乘车，见习卡与能证明身份的证件配套使用，不得转借他人使用。车站工作卡仅用于车站人员工作期间因工作需要进出车站设备区（通过设备区通道门）。车站通行卡仅用于运营期间因大客流、闸门误用或特殊情况时，车站工作人员辅助乘客进出本站付费区（通过闸机扇门、车站边门）。

（3）若遗失专用卡未及时挂失且被他人使用的，一经查实，按专用卡转借他人使用的情况进行相应处罚。遗失具有门禁权限的专用卡未及时挂失且门禁系统被他人使用的，一经查实，按专用卡转借他人使用情况进行加倍处罚，持卡人对此产生的后果承担全部责任。

（4）遗失卡挂失后，一律不再受理原卡的解除挂失。

第二目　票务乘客事务处理

处理票务异常情况时，应注意在处理乘客事务时必须保持耐心、冷静、有礼貌，尽量把同乘客的争执、纠纷安排在远离公众的场所处理；当列车运行、车站的设备故障等影响到车站票务管理工作的正常进行时，必须保持镇静，并及时向上级报告；当 AFC 设备出现车站人员无法处理的故障时，必须立即报设备维修调度；运营时间内，若 AFC 设备无法向乘客提供服务时，相应设备应放置"暂停服务"牌。所有 AFC 设备的故障均应由行车值班员做好报修相关记录。

当发生票务乘客事务时，各城市轨道交通企业制定不同的处理方式，以成都地铁为例，票务乘客事务是指持票乘客无法正常进出闸机或车站 BOM、TVM，或闸机在提供服务过程中，因乘客或其他特殊原因造成单个设备故障时引起的事务处理。

根据车票种类不同，处理方式不尽相同，下面以成都地铁单程票、天府通储值卡处理为例进行介绍。

一、普通单程票无法正常进出闸机的相关处理规定

乘客持单程票无法正常进出闸机时，售票员应依据乘客所处的位置和车票分析结果按表4-2 做相应处理。

表 4-2　非正常情况下普通单程票无法进出闸机的流程

车票分析结果	非付费区	付费区
进出次序错误	若该票显示可以更新，则更新车票；若无法更新，则回收单程票，向乘客说明原因，请乘客重新购票乘车	若该车票显示可以更新，则询问乘客进站车站，输入进站码并根据 BOM 显示收费金额收取费用后更新，乘客持票出站

续表

车票分析结果	非付费区	付费区
车票过期	若车票显示售票时间非当日，向乘客说明原因，并请乘客重新购票	向乘客说明原因，回收车票，按本站线网最高票价给乘客发售付费出站票出站
车票超时、超程		向乘客收取超时、超程补款后更新车票，乘客持票出站
车票无效	若车票人为折损，回收车票，请乘客重新购票乘车；若为TVM发售无效票，回收车票，按规定办理《乘客事务处理单》，给乘客发售一张等值普通单程票	查看是否人为折损，如是，则回收车票，按照本站线网最高票价给乘客发售付费出站票出站；否则回收车票，刷车站通行卡或按规定办理《乘客事务处理单》，给乘客发售免费出站票出站

二、天府通车票无法正常进出闸机的相关处理规定

乘客持天府通车票无法正常进出闸机时，按表4-3处理。最终的处理规定按地铁公司与城市通卡公司签订的相关协议执行。

表4-3　非正常情况下天府通及金融IC卡无法进出闸机处置流程

车票分析结果	非付费区	付费区
进出次序错误	若该票显示更新收费，则收取乘客相应更新费用进行更新；若显示更新收费为"0"，则直接更新车票	询问乘客进站车站，输入进站码更新，乘客持票出站
车票过期	请乘客前往天府通指定客户服务中心办理续用手续	请乘客前往天府通指定客户服务中心办理续用手续，收取乘客本站线网最高票价
车票余额不足或超程	金融IC卡：车票余额不足时，请乘客到银行网点或ATM充值；否则请乘客购买单程票进站乘车。天府储值卡：车票余额不足时，若乘客愿意充值，则收取充值金额，乘客充值后持票进站；否则请乘客购买单程票进站乘车	金融IC卡：车票超程时，向乘客收取车费后更新金融IC卡，发售单程票，乘客持单程票出闸。天府通卡：车票超程时，若乘客愿意充值，则收取充值金额，乘客充值后持票出站；否则向乘客收取本次车程费后，清除天府通卡的入站记录，发售单程票，乘客持单程票出闸
车票超时		车票显示进站日期是否为当天，如是，则向乘客收取超时补款后更新车票，乘客持票出站；否则先转到非付费区模式，在卡内扣除更新费用后更新车票，再转回付费区模式，询问乘客进站车站，输入进站码更新，乘客持票出站

续表

车票分析结果	非付费区	付费区
车票无效	请乘客前往天府通指定客户服务中心处理票卡。如乘客急于进站，请乘客购买单程票	分析车票： 1. BOM 能读出卡内信息，但无法处理 （1）若车票显示为未进站，询问乘客进站车站，向乘客收取本次车程费（按照票种折扣收取现金），填写《乘客票务事务处理单》，发免费出站票出站； （2）若车票信息为非当日已进站信息，BOM 发售本站线网最高票价的单程票，乘客持票出站； （3）若车票信息为已进站票且上次使用日期是当天，显示时间点未超时，向乘客收取本次车程费（按照票种折扣收取现金）。 2. BOM 不能读出卡内信息，无法处理 若车票无法分析，向乘客发售对应乘距的单程票，刷进站后交乘客刷卡出站

三、闸机被误用时的处理规定

乘客反映闸机被误用时，对持普通单程票的乘客按规定办理《乘客事务处理单》后给乘客发售免费出站票或刷车站通行卡供乘客出站；对持天府通车票的乘客，若 BOM 分析显示车票刚从本站出站，则按规定办理《乘客事务处理单》后给乘客发售免费出站票出站或刷车站通行卡供乘客出站。

四、乘客反映出闸机吞票的处理规定

（1）由车站人员询问乘客出闸情况，确认乘客出闸时闸机确实处于暂停服务状态或出闸机显示正常但投票口确有卡票现象，则按规定填写《乘客事务处理单》，给乘客发售一张免费出站票或刷车站通行卡供乘客出站。

（2）若闸机显示正常且能接受车票时，则向乘客解释说明，按本站线网最高票价为乘客发售付费出站票。

五、TVM 交易纠纷的处理规定

（1）TVM 交易纠纷是指乘客向站务人员投诉在 TVM 进行购票、充值操作时出现异常，造成其经济损失并要求退款的情况。产生的原因可能是乘客自身操作不当，也可能是设备处理异常。

（2）遇到此类纠纷，如果乘客没有TVM异常交易小单，站务员无法确定乘客交易详情，包括乘客投入的钱币种类与数量、TVM出票数量、接收和退还钱币的动作等，无法验证乘客描述的真实性，因此在未确认交易过程的情况下，原则上车站不能直接按照乘客的描述退还票款。

（3）站务人员在遇到TVM交易纠纷时，首先应根据经验，并通过验卡、验票等辅助手段，判断乘客叙述是否属实，解决因乘客疏忽或操作不当而引起的交易纠纷。站务人员应检查TVM是否处于正常状态，如有明显的卡币等故障，可通过自行处理来解决乘客纠纷，或报AFC调度按正常故障报修流程处理。若无法判断乘客描述是否属实，且TVM本身状态正常，则站务人员应向AFC维修调度申请交易数据查询，并提供尽量详细的交易情况，包括交易时间、设备、交易类型（购票还是充值、购票张数、目的车站等）、充值卡号、投入金额（币种、数量）、出票张数及卡号、找零金额（币种、数量）等。如果乘客手持车票，还应进行验票后提供卡号，作为日志查询及判断的重要依据。AFC维修调度接到站务人员交易查询申请后，立即通过后台查询交易日志，并将日志记录的交易情况通报车站人员，此过程一般不超过10 min。车站人员根据结果，如确需进行退款，则按相应流程进行。原则上如日志记录与乘客描述不符，不能进行退款，如因考虑服务质量而进行退款，则应严格按照审批流程进行，并做好相应的报表填写。

六、TVM发售无效票

（1）车站人员询问乘客购票情况。

（2）通过BOM读取该车票信息，如果读取信息正常，通过BOM进行更新，让乘客换闸机通道进入。

（3）如果BOM读取信息不正常，则报AFC调度查询TVM的机器交易记录。

（4）若TVM交易记录与乘客反映情况一致，则回收无效车票，办理《乘客事务处理单》，并根据乘客需要在BOM上发售同等面值车票或退还相应款额给乘客。如果不一致，则回收无效车票，并向乘客解释，请乘客重新购票。

（5）办理本事务时，须由当班值班员及以上级别人员到现场确认，并在《乘客事务处理单》双人签字。

七、TVM多找零

（1）车站人员发现TVM多找零、多出币情况下，询问乘客购票情况和查询TVM的机器交易记录。

（2）若发现TVM交易记录与实际找零数不一致，则回收多找零数目，填写《特殊情况票款记录表》，注明设备号码、金额、币种，将钱币封包保存，交给接班值班员解行，并在《车站营收日报》上备注说明,若无《车站营收日报》,则通过电子版《情况说明》将情况告知票务中心。该台 TVM 立即停用报修。

（3）办理本事务时,须由当班值班员及以上级别人员到现场确认,并在《乘客事务处理单》双人签字。

八、闸机扣费有误

（1）车站现场人员询问乘客乘车和车票扣值情况,通知 BOM 操作员在 BOM 上查询车票使用记录。

（2）BOM 操作员经过分析后,如果没有发现扣值不对的记录,向乘客解释。如果确实扣值错误,办理《乘客事务处理单》,按分析结果退还乘客现金。将该台故障闸机设置为"暂停服务"模式,同时需将事情概况及时上报 AFC 调度。

（3）次日票务中心根据车站提供的 IC 卡卡号查询交易记录,将查询结果填入《数据查询表》,告知车站处理结果,并将其作为票务中心审核调账的依据。

（4）办理本事务时,须由当班值班员及以上级别人员到现场确认并在《乘客票务事务处理单》双人签字。

（5）乘客在 TVM 或者 BOM 对天府通充值时如果显示"交易无效",应中止交易操作。售票员需要立即验卡,确认卡上是否已充值成功,若未充值成功,需将现金和天府通卡退还乘客,并告知其到天府通服务中心对天府通票卡进行分析处理。若读卡分析显示充值成功,需报 AFC 调度查明情况。

九、免费乘车的规定

（1）义务兵、革命伤残军人、伤残人民警察、盲人及其他重度残疾人等特殊人群凭相关有效证件可免费乘坐地铁。持有《成都特级教师（校长）荣誉证》《中华人民共和国老干部离休荣誉证》的人员可免费乘坐地铁。盲人和其他重度残疾人（一、二级）持残疾人证免费乘坐地铁,随行的一名陪护人员可免费乘坐同车次列车。革命伤残军人、伤残人民警察（一至四级）随行的一名陪护人员可免费乘坐同车次列车。持港、澳、台地区残疾人证（无残疾等级区分）的乘客,一律按照大陆地区重度残疾人标准,允许其免费乘车,其随行的一名陪护人员可免费乘坐同车次列车。

其他符合免费乘车条件的乘客使用边门,按照相关政府文件要求遵照执行。

（2）身高不足 1.3 m 的儿童必须由成人陪同乘车,1 名成年乘客可以免费携带 1 名身高不足 1.3 m 的儿童乘车,超过 1 名的,按超过人数购票。身高超过 1.3 m 的儿童需凭有效车票乘坐地铁。

第三目　票务应急分类及处置

一、AFC系统运营模式

AFC系统模式分为正常运行模式、降级运行模式和紧急放行模式。

（一）正常运行模式定义

正常运行模式是系统设备默认模式，包括正常服务模式和关闭服务模式。在正常服务模式下，进行售票、补票、检票等车票处理；在关闭服务模式下，停止对车票进行处理。

（二）降级运行模式定义

当运营过程中出现特殊情况时，为保证客运安全和运营收益，根据实际情况，系统经设定进入相应的降级运行模式。降级运行模式包括以下4个模式：

（1）进出站次序免检模式：在"进出站次序免检模式"下，允许车票不按进站、出站的次序刷卡检票，即允许乘客使用没有进站信息或出站信息的车票进出付费区，非回收类车票按最低票价扣费。

（2）乘车时间免检模式：在"乘车时间免检模式"下，出站闸机不检验乘车时间，但仍检查车票的票值等其他内容，车票按正常方式扣款。

（3）车票日期免检模式：在"车票日期免检模式"下，不检验车票日期信息，允许过期的车票在模式启动的时间段内正常使用，但仍检查车票的票值等其他内容，车票按正常使用方式扣款。

（4）车费免检模式：被设置为"车费免检模式"的车站，出站检票机将不检查车费相关信息（包括车费是否满足乘车里程），但检查车票日期，并且回收所有的回收类车票，对于定值票、天府通储值卡则按最低票价扣费；计次票被扣除一个程次。

（三）紧急放行模式

当车站或设施发生危及乘客生命安全、需及时疏散乘客出站的紧急情况时，可通过中央计算机系统、车站计算机系统、车站控制室紧急按钮及检票机本机控制等多种方式将车站终端设备设置为"紧急放行模式"。

二、票务应急处理

为完善AFC设备故障、设备能力不足或其他特殊情况下的票务应急处置预案，降低对乘客的影响，车站必须及时、准确反映情况，认真执行命令、指示，针对不同特殊情况认真部署，充分准备，周密安排，组织实施，做到分工明确，责任到位。

（一）不同情况下的应急处理方法

1. 车站AFC终端设备故障或设备能力不足时

当车站发生大客流，对乘客采取引导等相应措施后，车站的售检票设备能力不足以缓解大客流时，或车站的售检票设备部分或全部故障时适用以下处理程序。

（1）半自动售票机故障。

半自动售票设备故障时，故障车站应及时向AFC调度报修，并做好报修记录。车站工作人员宣传、引导乘客至其他票务中心（或客服中心）和自动售票机购票充值，并由值班站长视现场客流情况下令发售预制票。同时，车站应立即启用手持验票机，对需进行乘客事务处理的车票验票，并按规定进行后续处理。

（2）自动售票机故障或能力不足。

自动售票设备发生故障或能力不足时，故障车站应及时向AFC调度报修，并做好报修记录。值班站长根据现场客流情况确定增开半自动售票机或售卖预制票，站内工作人员对乘客做好引导、宣传工作。

（3）自动售票机和半自动售票机全部故障。

站内全部售票类设备故障时，故障车站应及时向AFC调度报修，做好报修记录，并通过调度电话报行车调度，行车调度负责上报相关领导，同时告知其他车站做好应对准备。

在车站客运组织安全有序且运力允许的条件下，值班站长确定发售预制票。同时，车站应立即启用手持验票机，对需进行乘客事务处理的车票验票，并按规定进行后续处理。

（4）全部进闸机故障或进闸机能力不足。

站内全部进闸机故障或进闸机能力不足时，车站应及时向AFC调度报修，做好报修记录。同时，报行车调度员并申请设置进出站次序免检模式。行车调度员确认后，通知AFC调度组织车站运营模式变更，告知其他车站做好应对准备，并短信上报相关领导。

（5）全部出闸机故障或出闸机能力不足。

站内全部出闸机故障或出闸机能力不足时，车站及时向AFC调度报修，做好报修记录。并通过调度电话报行车调度员，行车调度员负责上报相关领导，同时告知其他车站做好应对准备。

车站将出站闸机全部开启，车站工作人员到已打开的出闸机值守并回收单程票。

2. 列车晚点的应急处理

（1）列车未按时到达车站，大量票卡超时出站的情况适用。

（2）各站接到行车调度员通知后，车站根据现场实际情况向行车调度员申请设置时间免检模式，行车调度员确认后通知AFC调度组织相应车站运营模式变更。车站确认模式设置成功后，通知各岗位人员做好相应准备。

3. 运营故障需清客的应急处理

（1）因运营需要，本次列车临时清人下车，无法继续运送乘客，且后续列车无法及时到站，无法运送在站乘客，造成大量乘客滞留车站的情况适用。

（2）车站接到行车调度员通知后，立即通知各岗位人员做好相应准备，车站可视情况减缓售票速度，情况严重时停止一切售票作业，限制乘客进站。

4. 列车越站的处理预案

（1）上、下行列车通过车站时，在本站均不停车的情况下适用。

（2）车站根据现场实际情况向行车调度员申请设置车费免检模式，行车调度员确认后通知AFC调度对相应车站运营模式进行变更。车站确认模式设置成功后，立即通知各岗位人员做好相应准备。

5. 火灾等紧急情况的处理

（1）当运营过程中发生火灾、爆炸等紧急情况，需要乘客紧急撤离车站时适用。

（2）车站可由防灾系统自动联动设置，亦可由车控室值班人员通过触发紧急按钮进行设定，车站应立即将模式设定情况上报行车调度员，行车调度员负责通知线路内其他各站。紧急放行模式启动后，站内所有设备停止使用，闸机全部开放通行。值班站长组织车站工作人员及时到岗，组织乘客有序出站。

6. AFC设备大面积故障的应急处理

（1）车站一半以上AFC设备发生故障，且短时间内无法修复时，车站可视情况将闸机扇门常开，引导乘客直接通行。

（2）车站AFC设备发生大面积故障，可视情况由车控室值班人员通过触发紧急按钮进行设定，车站应立即将模式设定情况上报行车调度员，行车调度员负责通知线网内其他各站。紧急放行模式启动后，站内所有设备停止使用，闸机全部开放通行。值班站长组织车站工作人员及时到岗，组织乘客有序进、出站。

（二）票务应急处理时报表填写规定

（1）在处理"半自动售票机故障""自动售票机和半自动售票机全部故障""全部出闸机故障或出闸机能力不足"，收取乘客的补票金额，超程、超时补款时，需填写《乘客票务事务处理单》（每笔事务填写一条记录），并注明事件详情："××情况"，处理结果："收取乘客共××元"，由值班员或以上级别员工签名确认，并请乘客签名确认。

（2）在处理涉及退票的异常情况时，填写《乘客票务事务处理单》，当天办理退款的可合并填写记录；非当天办理的须每笔事务分开填写，请乘客签名确认，并注明所更新车票ID（指车票经BOM分析时"卡号"栏内容，填写BOM分析显示的"卡号"后十位或所办理车票票面编号的后十位），由值班员或以上级别员工签名确认。

（3）在处理"列车晚点"或"运营故障需清客"给乘客免费更新车票时，需在《乘客票务事务处理单》上注明事件详情："列车晚点"或"运营故障需清客"，处理结果："免费更新车票××张"。在处理"车站出现火灾等紧急情况",给乘客免费更新车票时,需在《乘客票务事务处理单》上注明"××(如火灾)紧急(对于乘客当天到其他站办理的,需注明'××站××紧急')",处理结果:"免费更新车票××张"。

(4)在处理"列车越站"给乘客免费更新车票时,需填写《乘客票务事务处理单》,事件发生当天合并为一条填写。非当天办理的须每笔事务分开填写,并注明事件详情:"列车越站",处理结果:"免费更新车票××元",并请乘客签名确认,由值班员或以上级别员工签名确认。

(5)在车站发生所有票务应急事件时,均需填写《应急情况票务信息统计表》,记录车站发生各种应急事件的日期、时间、原因,由售票员负责填写,值班站长及以上级别人员签字确认,并在表格中备注允许退款的时间区间。

(三)票务应急处理要求

当发生票务应急时,各城市轨道交通公司结合自身特点制定细化要求,以成都地铁为例,票务应急处置要求如下:

(1)车站在特殊情况下为车票办理免费更新时,售票员应在非付费区模式下进行更新。若天府通卡不能进行免费更新时,售票员可使用强制更新进行操作。

(2)应急情况下受影响天府通的处理:乘客持受影响车票前来处理时,售票员需确认车票的上次使用日期与应急日期相符,且在允许期限内(指从应急情况发生次日起10日内,以下同),填写《乘客票务事务处理单》,为乘客免费更新车票。

(3)应急情况下单程票处理:乘客持受影响单程票办理退款时,售票员需确认车票的上次使用日期与应急日期相符,且在允许期限内,回收乘客的单程票,填写《乘客票务事务处理单》,根据车票余额办理退款。

三、非降级模式下的特殊处理

(1)当车站发生应急情况,但不需要下发降级模式时,车站可以通过边门放行的方式疏散客流。故障车站所在的中心站需将紧急情况和应急处理方式告知行车调度员,由行车调度员通知其他车站做好客流组织工作。

(2)边门放行时,车站做好单程票回收工作,如发生单程票退票,在办理退票的售票员结算时,在《乘客票务事物处理单》上统一注明"因××原因,退票××元"。

(3)原则上,车站应引导使用储值票刷卡出站,如存在储值票退票情况,统一采用强制免费更新进行操作,通过边门放行乘客。

第四目 票务稽查及收益安全

一般而言,为防止公司收益流失,保证票务安全,各城市轨道交通企业均制定票务稽查及收益安全制度，下面以成都地铁为例进行介绍。

一、票务违章的定义

凡在公司票务运作中，因员工违反公司票务管理规章制度、设备操作规范，造成公司票务收入损失的，或严重危及公司票务收入安全的，均构成票务违章，票务违章分为一至七类。同一票务违章涉及两条或以上的票务违章条款时，以违章情节最严重或危害最大的违章条款进行定性和处理。

二、票务违章的处理原则

（1）"四不放过"原则。即差错、事故原因分析不清不放过，责任者和员工未受到教育不放过，未制定防范措施不放过，责任者未受到处理不放过。

（2）实事求是原则。即票务差错及事故处理应以规章为准绳、事实为依据，力求客观、公正。

（3）逐级考核、落实到人原则。即实行层级管理，制定考核指标及办法，部门考核到室，室考核到班组，再由班组考核到人。

（4）有责赔偿原则。因票务差错或事故造成的公司损失由责任人赔偿。

（5）尽职尽责原则。即票务相关人员须认真履行本岗位工作职责，对发现问题隐瞒不报、不如实反映情况，或对票务差错、事故分析处理拖延、推脱责任、姑息纵容、不配合调查的各级人员，要追究其经济、管理责任。

三、票务违章的分类

票务违章行为划分为七类，根据情节及影响程度进行综合判定，以成都地铁现行制度与站务相关为例。

（一）一类票务违章

（1）一类票务违章指在公司的票务运作中，凡是由于管理、作业流程等过程中出现的违章，或造成直接经济损失1~50元（包括50元），或因人为误操作原因导致数据差异500元及以下。

（2）未按规定及时处理长、短款。

（3）未按规定的程序将票款解行。

（4）在车站票务管理室的监视系统盲区摆放未清点的现金及钱箱等。

（5）未按要求清点、抽检、加封现金和车票，有值车票未放在保险柜或上锁的文件柜里等。

（6）车票、现金放在非安全区域，或车票、现金在运送途中没有放在上锁的售票盒、票箱和上锁的手推车中等。

（7）车站客服中心（票亭）的房门未锁闭（非设备原因）。

（8）票务监控设备、AFC 设备故障或其他 AFC 系统备品损坏，未报修和跟进。

（9）值班员在交接班时，发现站存车票或现金有误，没有及时报站长或补齐的，且涉及金额为 1~50 元（包括 50 元）的行为。

（10）未及时根据车站情况发现票务问题并进行监督整改（含补交短款、票务操作等），未在规定时间内处理票务系统下发的任务（含补交短款等）。

（11）当班时间内未按规定时间内完成管辖范围设备监视、维修、巡检和系统数据监视工作。

（二）二类票务违章

（1）二类票务违章指在公司的票务运作中，凡是由于管理、设备操作、作业等过程中出现的违章，或造成直接经济损失 50（不包括 50 元）~100 元（包括 100 元），或因人为原因导致数据差异 500~1 000 元（包括 1 000 元），造成较严重影响的行为。

（2）遗失样票 5 张及以下，丢失车票涉及金额为 50 元（不包括 50 元）~100 元（包括 100 元）的行为。

（3）未按规定办理借出现金、车票手续，未造成损失。

（4）未按规定办理票务钥匙的交接或外借手续，或违反保管要求。

（5）与票务工作无关的人员进出票务管理室、车站客服中心、编码室、中央票库、资料室等，或人员进出未按规定登记等。

（6）售票员当班期内身上带有私款或地铁车票（本人员工卡除外）。

（7）车站人员操作完票务工作站或 BOM（半自动售票机）后未及时申退等，造成票款差异在 100 元及以下。

（8）值班员在交接班时，发现站存车票或现金有误，没有及时报站长或值班站长，涉及金额为 50 元（不包括 50 元）~100 元（包括 100 元）的行为。

（9）未及时跟进情况归纳票务问题，并对问题进行整改。

（三）三类票务违章

（1）三类票务违章指在公司的票务运作中，凡是由于管理、设备操作、作业等过程中出现的违章，或造成直接经济损失 100（不包括 100 元）~200 元（包括 200 元），或因人为原因导致数据差异 1 000 元（不包括 1 000 元）以上的行为或操作。

（2）没有在监视系统或指定的地点，双人同时开封清点车票、现金及对钱箱中的票款舞弊的行为。

（3）值班员在交接班时，发现站存车票或现金有误，没有及时报站长或值班站长，涉及金额为 100（不包括 100 元）~200 元（包括 200 元）的行为。

（4）TVM设备后盖门未锁闭（设备原因除外）。

（5）密钥卡申领部门未建立密钥卡使用台账，密钥卡卡号未与设备一一对应（见《密钥卡管理办法》）。

（6）数据调整原因不合理，缺乏事实依据。

（7）擅自移动监控及生产设备对运营造成不良影响。

（8）对系统数据漏传或延时上传处理不当，导致数据差异。

（9）参数下发错误，造成某个车站设备的停止运作。

（10）未按规定要求办理地铁专用卡的发放手续，造成错误发放、遗漏回收的情况。

（11）非票亭营业时间，违规进入并违规使用票务设备。

（12）丢失票务钥匙：票务用房钥匙、保险柜钥匙、设备门钥匙、钱箱钥匙、补币箱钥匙、其他票务相关钥匙等涉及票务收入安全的钥匙。

（13）未按照相关规定且在银行收款人员到站前完成打包返纳。

（四）四类票务违章

（1）违规操作AFC设备，造成票务收入流失或损失，价值合计200元以上1 000元及以下。

（2）丢失票款、备用金、车票、票务备品，金额合计200元以上1 000元及以下。

（3）非设备原因导致车票的注销及销毁出错，涉及金额200元以上1 000元及以下。

（五）五类票务违章

（1）因违规操作AFC设备，造成票务收益流失或损失，价值合计1 000元以上10 000元及以下。

（2）丢失票款、备用金车票、票务备品，金额合计1 000元以上10 000元及以下。

（3）违规上岗操作，造成错误编码车票信息，给票务工作造成较大影响。

（4）工作中违反相关规定，导致系统数据或监控录像等重要取证资料缺失或不全，影响调查取证。

（5）参数下发错误，造成两个及以上车站设备的停止运作，对运营服务造成影响。

（六）六类票务违章

（1）违规操作AFC设备，造成票务收益流失或损失，价值合计10 000元以上100 000元及以下。

（2）丢失票款、备用金、车票、票务备品，金额合计10 000元以上100 000元及以下。

（3）非设备原因导致车票的注销及销毁出错，涉及金额10 000元以上100 000元及以下。

（4）人为变造账目、报表或其他虚假行为以填平账为目的的行为。

（5）私自制作、使用票务钥匙或AFC系统密钥卡。

（6）采用不正当手段，以达到审核票务应收和实收相等为目的的行为。

（7）未将地铁各线路的票务收入存至公司指定的票款专户进行专款专存。
（8）因时钟不同步导致设备无法正常运行，影响运营服务。

（七）七类票务违章

（1）违规操作 AFC 设备，造成票务收益流失或损失，价值合计 100 000 元以上。
（2）丢失票款、备用金、车票、票务备品，金额合计 100 000 元以上。
（3）非设备原因导致车票的注销及销毁出错，涉及金额 100 000 元以上。
（4）违章占有、挪用任何车票，截流备用金，截留票款的行为。
（5）任何蓄意导致公司票务收益流失或侵占公司票务收益的行为。
（6）蓄意破坏 AFC 设备造成公司财产损失，价值合计 100 000 元以上。

车站票务工作案例

事件概况：

2016 年 7 月 22 日 19:30 A 站白班交班客运值班员周某与夜班接班客运值班员谢某办理交接班工作，值班站长洪某负责监控交接；19:33 接班客运值班员谢某在值班站长洪某的督促下对应急备用金进行了查看，发现票务应急备用金丢失（伍仟元整）。7 月 23 日 9:30 立即组织查看票务管理室所有录像，通过调看录像发现：7 月 11 日下午 17:10 分 A 站当班客运值班员周某进入票务管理室，打开保险柜，用预制票盒将应急备用金信封遮挡后带出票务管理室，于 17:12 将预制票盒放回保险柜。

事件分析：

（1）公司票务规章制度明确规定在票务运营中不能违章占有、挪用任何现金或截流现金，而客运值班员周某私自挪用车站应急备用金。

（2）通过录像检查，车站应急备用金 7 月 11 日丢失，直到 7 月 22 日客运值班员交接才发现丢失情况。7 月 11 日—7 月 21 日期间，车站所有客运值班员未办理交接确认应急备用金金额，监控交接的值班站长监控也不到位，监控工作流于形式，严重工作失职。

第三节　客运服务工作

第一目　服务质量通用标准

一、员工形体标准

（一）站姿

在岗期间，员工应注意站姿挺拔、双手自然下垂、两腿并拢，如图 4-14 所示，不得出现背手、手插进口袋或将手搭在物品上的行为。

（二）坐姿

在岗期间，员工应注意坐姿端正、抬头挺胸，如图4-15所示，不得出现背靠椅背斜躺、抖腿、用手托腮及趴在桌面上等行为。

图4-14 站姿示意图

图4-15 坐姿示意图

（三）走姿

在岗期间，员工应注意行走姿势美观，动作文雅，端正大方，身体稍向前倾，挺胸收腹，两肩放松，上体正直，两臂自然前后摆动，步伐轻快稳重，行进中两眼平视，正对前方，身体保持垂直平稳，无左右摇晃、八字步和罗圈腿，走姿示意如图4-16所示。行进过程中，应保持速度适中，如无紧急情况，不可跑步。

图4-16 走姿示意图

二、员工仪容仪表标准

（1）留长发（头发过肩）的女员工身着工作制服时，应将头发挽于头花网内；男员工不准留长发、光头、大包头、大鬓角和胡须；男士鬓发不盖及耳部，后部长度不及衣领；不留怪发，不用艳色发饰，前发不遮眉，不用带刺激香味的发乳、摩丝；若染发要尽量贴近天然颜色，不得染黄、红、白等夸张的色彩或挑染发色，其发饰示意如图4-17所示；勤修指甲，不留长指甲（长度不超过2 mm），不涂有色指甲油；着制服时只能佩戴简单大方的单条项链，且不得露出制服；手指上只能佩戴一枚简单大方的戒指；耳垂上只能佩戴一副简单的耳钉；手腕上佩戴手表及手链等，只能是简洁大方的款式，链条不能超过一圈，且不能有吊坠。

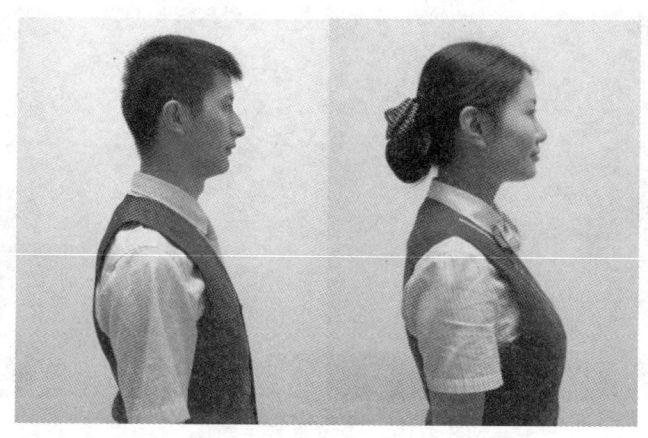

图4-17　着工装员工发饰示意图

（2）车站志愿者、实习生应着浅色上衣，黑色长裤，黑色皮鞋，按要求穿着马甲，不得穿着带帽子或带毛领的外套、T恤，不穿奇装异服，不得将打底裤外穿，不得穿裙子或短裤，裤长需超过脚踝，不得穿靴子或鞋跟高于3 cm的高跟鞋，刘海不过眉毛，女同志长发需挽成团固定，如图4-18所示。

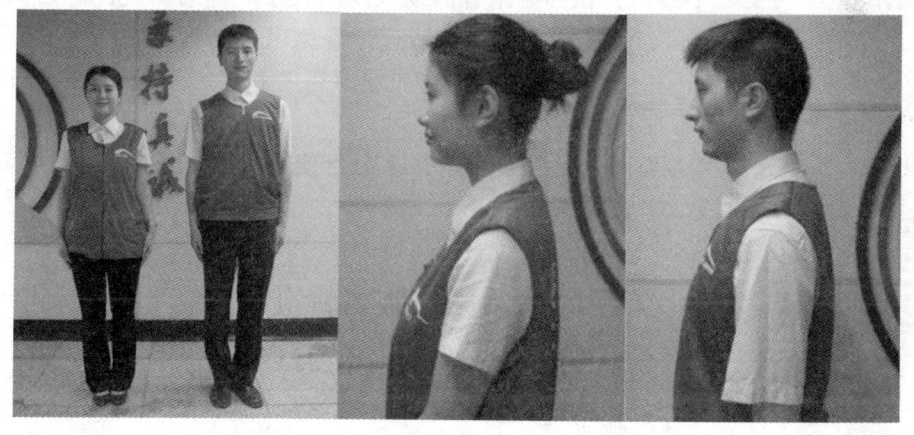

图4-18　志愿者着装发饰示意图

（3）所有站台岗（含临时顶岗）均需佩戴腰包扩音器上岗，在站台引导乘客（防止抢上、抢下、引导先下后上、扶梯安全等）时，必须使用腰包扩音器，但对个别距离较近的乘客单独引导时，不使用腰包扩音器。腰包挂在腰间皮带位置，穿马甲或外套时，需将其置于马甲、外套外侧，调整好腰带的松紧，扩音器置于身体的左后方，以不阻挡左臂移动为原则，在穿着马甲或者外套时，耳机线应从马甲或外套内部穿过，不得裸露在外。着冬装大衣时，腰包统一至于大衣外，其余要求不变，腰包佩戴示意图如图4-19所示。

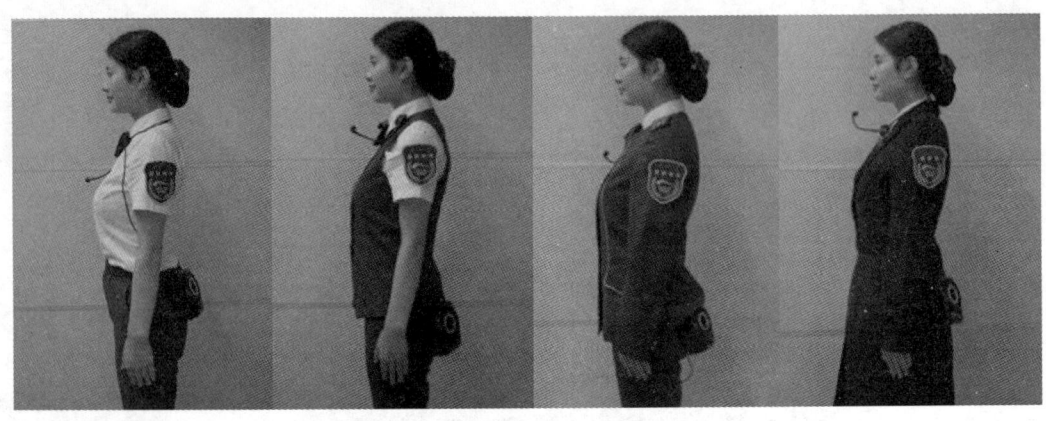

图4-19　腰包佩戴示意图

三、服务语言标准

（1）员工在对乘客服务时，必须使用普通话，应根据乘客的不同身份使用恰当的称谓，如先生、女士、小朋友、大爷、阿姨、同志等，不得使用"喂""嘿""哎""那位"等不礼貌用语称呼乘客。讲话时，应做到字正腔圆，吐字清晰，声调柔和，十字文明用语"您好""请""谢谢""对不起""再见"不离口；在回答乘客问题或使用人工广播时，应注意语调沉稳、语气舒缓、吐字清晰、声音圆润、语速适中、音量适宜，避免声音刺耳或使乘客惊慌，手提广播不能对着乘客的耳朵呼喊；在处理违章事宜时，要注意态度和蔼、得理让人，不得讲斗气、噎人、训斥、顶撞、过头及不在理的话。

（2）此外，员工还应努力提高自身外语水平，在对不使用汉语的乘客服务时，可以借助乘客服务区内指示牌等设施，完成服务目标。

第二目　各岗位服务标准

一、票亭岗作业标准

票亭岗在岗期间，应注意坐姿挺胸直腰、收腹收臀，目视前方，右手轻握左手放在工作台上，两膝相靠，两脚并拢或稍分；在与乘客交流时，须注视乘客。票亭内物品须摆放整齐，当无乘客在窗口购票、充值、兑零时，票亭岗须到闸机旁引导乘客出闸；当售票员办理交接时，交接时间不得超过 5 min，交接时须摆放"正在办理交接"牌，同时向购票乘客做好解释工作。票亭岗作业标准如表 4-4 所示。

表 4-4　票亭岗售票作业标准表

步骤	程序	使用时机	动作	用语	示意图
1	收	乘客购票时（收取乘客购票的票款）	面带微笑，自然注视对方，主动点头致意，礼貌询问对方要去的目的地，若乘客直接说出目的地，则只需向乘客问好	"您好（请问到哪里）"	
2	唱	讲出票款金额，重复乘客要求的购票张数、车票类型或充值金额（乘客充值前需提前告知票亭充值无等额发票提供）等，如未听清乘客的要求，应主动礼貌地询问	用普通话清晰讲出，所收取乘客面额、票卡金额、张数或充值金额等	"收您××元，××站××元 1 张""充值××元"	
3	操	正确、迅速地操作：检验钞票真伪，如钞票为伪钞，则要求乘客重新更换钞票	在 BOM 操作相应功能键，并指引乘客确认乘客显示屏中的内容	"请您确认"	
4	找	将车票和找赎的零钱一起礼貌地交给乘客	将票卡、零钱平稳放入票槽中方可松手，严禁抛丢票卡、钱钞，并指引乘客拿票、钱，如需找零，则说："找您××元。"若不需找零，则只需说："请您拿好"	1."请您拿好/找您××元。" 2."请往这边进站乘车"	

二、厅巡岗作业标准

厅巡岗除正常的巡视站厅、出入口等，还肩负 TVM 引导的重任，其作业标准如表 4-5 所示。

表 4-5　TVM 引导作业标准表

步骤	程序	使用时机	动作	用语	示意图
1	问	乘客走向 TVM	面带微笑，自然注视对方，主动点头致意，礼貌询问	"您好，请问到哪里"	
2	操	引导乘客在 TVM 上选择相应的功能键，购买车票	态度和蔼	"请选择您所到达的目的地。" "请选择您购买的张数。" "请从取票、找零口拿取您的车票"	
3	引	乘客已购买单程票	手指自然并拢，掌心斜向上方，指向进站方向，带乘客离去后收回	"请在此处刷卡进站"	

三、站台岗作业标准

站台岗在站台负责站台安全，乘客上、下车引导，如表 4-6 所示。

表 4-6　站台岗引导乘客上、下车作业标准表

步骤	程序	使用时机	动作	用语	示意图
1	候	列车未到站，维持站台候车秩序时	站于滑动门中间，身体背向滑动门，面带微笑，双臂自然张开，斜指向两侧地面	"请乘客按箭头排队候车，多谢合作"	
2	引	列车到站开门后，引导乘客下车并劝阻乘客抢上	站于固定门的边缘，面向滑动门	"请乘客先上后下，注意安全，上车后请往车厢中部走，多谢合作"	
3	挡	列车灯闪，即将关门，阻止乘客抢上	站于滑动门旁，面向屏蔽门，可监视其余屏蔽门状态，单手臂伸直做拦截状，手掌与地面垂直	"请耐心等候下一趟列车"	

四、电扶梯引导岗作业标准

进、出站乘客到达电扶梯时，扶梯岗员工应面带微笑，站立在电扶梯旁，观察电扶梯的运行状态，如图 4-20 所示，并使用标准引导语"搭乘扶梯的乘客，请靠右站稳，左侧通行，拉好扶手，注意安全"，加强安全宣传，一旦发现乘客摔倒，立即按压紧急停止按钮，如图 4-21 所示，并使用标准引导语"请抓紧扶手，电梯将紧停"。

图 4-20　扶梯岗作业标准示意图

图 4-21　电扶梯紧停按钮示意图

第三目　特殊情况服务要求

一、乘客事务处理原则

（一）乘客事务处理分类

按乘客事务的性质，可将其分为投诉、建议、咨询和表扬等类别。

（二）乘客事务处理原则

乘客事务处理应遵循如下 6 条原则：

（1）公平公正原则：在处理乘客事务时应坚持客观、公平、公正。

（2）首问责任制原则：首位接待乘客的员工负责全程跟进乘客需求，并对乘客最终满意度负责。

（3）顾全大局原则：处理乘客事务时应尽量减少对其他乘客的影响，遇复杂事件或乘客意见较大的情况，尽量将其带至乘客较少的区域或会议室内处理。

（4）现场处理原则：受理乘客事务的个人或部门要尽量在现场将事务处理完毕，确保处理的有效性。

（5）及时原则：乘客事务必须及时处理，不能让乘客长时间等待。如当事人第一时间不能处理，应立即通知上级，相关人员接到信息后，必须在 3 min 内到场为乘客处理相关事务。

（6）满意原则：在处理乘客事务时，应尽量满足乘客的需要，做好服务补救措施，并及时将无法处理或乘客对回复不满意的投诉向上级反映。对于曾进行过投诉或建议的乘客，服务热线应定期电话回访并寄送地铁宣传资料，体现地铁对乘客的关注和尊重。

（三）乘客事务处理要求

员工在进行乘客事务处理工作时，应遵循以下 5 条要求：

（1）恪守职责，维护公司利益与品牌形象。

（2）事务调查处理遵循"四不放过"原则，即原因分析不清不放过，责任人和其他员工没有受到教育不放过，没有制订防范整改措施不放过，责任者没有受到严肃处理不放过。

（3）换位思考、人性化服务，在不违反规章制度、损害公司利益的前提下以乘客为先，提供优质服务。

（4）处理乘客事务时不卑不亢，注意自我保护。

（5）现场人员处理不了的事务，应及时上报。

二、乘客间纠纷的处理要求

（1）当车站员工发现乘客间发生纠纷时，应在第一时间上前过问，了解事情经过。

（2）对于便于第三人介入的纠纷，员工应居间劝解，尽量结束纠纷。

（3）对于不便于第三人介入的纠纷或是纠纷无法当场结束的，员工应尽力将乘客请到车站会议室等非公共区域。

（4）当乘客间纠纷已经导致其他乘客发生围观拥堵等影响乘客服务区秩序与安全的现象时，员工应及时疏导人流。

（5）对于无法劝解的纠纷，员工应请地铁公安介入。

三、乘客投诉

根据投诉渠道，乘客投诉可分为现场投诉、服务热线投诉、市政投诉、文明地铁监督员投诉和媒体网络投诉。根据事件的性质及产生后果的严重程度，乘客投诉可分为一类有责乘客投诉、二类有责乘客投诉和三类有责乘客投诉。

投诉处理原则如下：

（1）首问责任制原则：首位接待乘客的员工负责全程跟进乘客需求，乘客需求超出职责范围，需及时根据流程逐级上报。

（2）投诉无申辩原则：在处理乘客投诉时，首先要向乘客表示歉意；处理过程中要关心乘客需求，做到耐心、有礼，态度友善、语气温和，不能出现顶撞、推诿行为。

（3）现场处理原则：受理乘客投诉的个人或部门要尽量在现场处理完毕，确保现场处置的有效性。

（4）满意原则：处理乘客投诉时，需迅速响应乘客需求，尽量满足乘客需要，做好服务补救措施，并及时将无法处理或乘客对处理结果不满意的投诉向上级反映。

（5）及时原则：乘客现场投诉必须及时处理，避免乘客长时间等待。如当事人第一时间无法处置，应立即报告上级；相关人员接到信息后，必须在 3 min 内到场为乘客处理相关事务。

（6）百分百回复原则：对于各渠道受理的乘客投诉，受理部门必须百分百回复乘客，并做好跟踪和台账记录。

（7）投诉调查原则：投诉调查遵循"四不放过"的原则，即投诉原因分析不清不放过，责任人和其他员工没有受到教育不放过，没有制订防范整改措施不放过，责任人没有受到严肃处理不放过。

四、边门管理

运营时段内，车站边门均应全部处于锁闭状态，仅特殊乘客通行、工作需要、应急处理时可开启。

（一）特殊乘客通行

（1）义务兵、革命伤残军人、伤残人民警察、离休干部、特级教师（校长）、盲人及其他重度残疾人等符合免费乘车条件的乘客，凭有效证件可使用边门免费进出付费区。

（2）携带大件行李物品不能正常通过闸机的乘客，按规定经过安检，车票通过闸机检票或回收后，可使用边门进出付费区。

（3）残疾或乘坐轮椅等不能独立通过闸机的乘客，按规定经过安检，车票通过闸机检票或回收后，可使用边门进出付费区。

（4）盲人及重度残疾人可持残疾证免费乘坐地铁，并且随行的一名陪护人员可免费乘坐同车次的地铁。

（二）车站工作需要通行

（1）运送票卡、生产用具、办公用品等无法通过闸机的大件物品时。

（2）重大参观接待任务，需开启边门时。

（3）本站施工人员因工作需要进出付费区时。

（三）应急处理

（1）发生票务设备故障、列车晚点、清客、越站等紧急情况时。

（2）大客流导致车站进出闸能力不足时。

（3）突发性工程抢修、抢险，需使用边门时。

（四）其他情况

其他紧急情况，需使用边门时。

（五）注意事项

运营时段内，须通过车站通行卡进行边门开启操作，原则上不得使用综合监控系统、门禁管理系统及票亭边门开关开启；车站须建立车站工作卡借用登记制度。非运营时段，车站工作卡由行车值班员进行保管；运营时段，厅巡岗或票亭岗在行车值班员处借用。车站工作卡配备数量应大于本站边门数量，若有遗失应及时向客运部挂失并补办。

五、车站遗失物品处置程序

（一）车站遗失物品处置程序

车站拾获乘客遗失物品，应按照以下程序进行处理：

（1）车站员工或三保人员拾到失物后，交车站值班站长，车站及时通过广播寻找失主。

（2）值班站长与失物拾获者当面检查、核对失物，并详细填写《遗失物品交接/领取物品登记表》，注明失物数量及特征，双方确认签字。

（3）若在失物中找到乘客联系方式，车站应及时通知乘客到车站车控室认领。

（4）若车站拾获易燃、易爆等违禁物品，需立即将该物品移交地铁公安或及时进行处理，并上报站长和站务中心安全主办。

（二）列车上遗失物品处置程序

列车上失物的处理，应按照以下程序进行处理：

（1）司机或列车安全巡查员在列车上拾获乘客丢失的物品后，应通知终点站站台值勤的站务人员，由站务人员与司机或列车安全巡查员进行交接。

（2）司机或列车安全巡查员与站务人员对失物进行简单交接，并填写《遗失物品交接/领取物品登记表》；如特殊情况下站务人员来不及填写《遗失物品交接/领取物品登记表》时，双方可互报姓名和工号（编号），对失物进行交接，事后由车站联系派班室或列车安全巡查员派班点，及时完善《遗失物品交接/领取物品登记表》。

（3）遗失物品交接地点宜安排在站台闭路电视监控头的监控范围内进行交接。

（4）若乘客在车站或列车上拾获遗失物品，车站工作人员应及时引导乘客将拾获物品交给车站值班站长或地铁公安，并将拾获时间、地点、物品种类等做好登记。

（三）车站拾获现金处置程序

车站若拾获现金，拾获人与车站客运值班员交接，要求值班站长在场进行监控，交接时需在录像可监控到的地方办理交接，要求工字加封，信封上注明金额、加封人、拾获日期、加封日期，防止事后出现纠纷。拾获的现金存放于车站站长室遗失物品专用柜中，并在《当班情况登记簿》上做好交接记录。车站保存现金的期限为1个月，到期后随当天票款解行，各站解行的金额明细填写《遗失物品上交清单》，由站务中心汇总后报财务部。解行后，若乘客联系认领，由车站务中心提供支付申请以及乘客认领情况说明，与财务部按照公司相关规定办理申请支付的手续。

六、致歉信管理

致歉信发放前，须在"车站："处加盖本站站名章，"日期："处加盖故障当天日期章（格式：20××年××月××日），也可参照格式手填，如图4-22所示。以下情况，可发放致歉信：

（1）调度指挥中心发布列车晚点信息（不论时间长短），有乘客索要致歉信，可派发。

（2）若调度指挥中心未发布列车晚点信息，但本站列车稍有延误，有乘客索要致歉信时，先以前方车站可能有夹人、夹物影响行车秩序为由向乘客解释，再报中心站管理人员同意后派发。

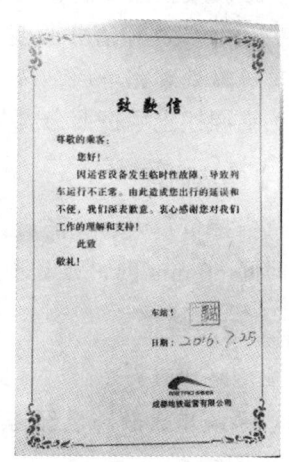

图4-22 成都地铁致歉信示意图

（3）非故障当天乘客索取致歉信时，在核实当天行车调度员发布过晚点信息后，可以派发，加盖故障当天日期章或手填故障当天日期。

（4）若非故障当天乘客索要致歉信时，经核实当天运行秩序正常（行车调度员未发布过晚点信息），原则上不予发放，给乘客做好解释工作，特殊情况，报中心站管理人员同意后发放。

（5）致歉信原则上由票亭售票员进行发放，需求数量较多时，可安排应急处置能力较好的员工协助发放，发放时统一服务用语为"您好，给您带来不便请谅解，请慢走"。

（6）致歉信发放一人一张，不得多领、代领，页面污损、褶皱、破旧等致歉信不得发放给乘客。

（7）致歉信一经发放，售票员需及时掌握致歉信的余量和发放情况，以便及时申请补充。

七、AFC 重大设备故障处理

（一）AFC 系统重大故障定义

（1）单个及以上车站 TVM 设备全部故障（代理充值功能不可用除外）。

（2）单个及以上车站 AGM 设备全部故障。

（3）两个及以上车站 BOM 设备全部故障。

（二）故障申报流程

（1）车站发现 AFC 设备故障后，报告 AFC 调度。

（2）AFC 调度判断是否为重大故障，若不是重大故障，通知维保单位自行处理；若是重大故障，报告维调。

（3）维调接报故障后，下达抢修命令给 AFC 调度和清分调度。

（4）AFC 调度和清分调度分别报告本部门应急指挥负责人，并传递信息，组织抢修。

（5）故障处理完毕后，统一由 AFC 调度通知维调故障修复完毕。

（6）维调接报后按照公司规定发布结束抢修指令。

（三）响应时间

应急指挥负责人、应急救援队伍等相关人员在接到抢修指令后应于运营时间 30 min 内，非运营时间 60 min 内，赶赴现场，投入应急抢修和现场处理工作。

（四）应急终止

1. 应急终止的条件

AFC 系统重大故障已经得到控制，乘客可正常使用 AFC 系统售检票，系统恢复正常工作。

2. 救援完毕的汇报

现场应急指挥负责人在确认故障得到控制、系统恢复正常后立即向 AFC 调度汇报故障修复完成情况，AFC调度接报后立即向调度指挥中心汇报故障修复完成情况。

（五）工作原则

1. 安全原则

应急人员的安全防护，安全第一，尤其是人身安全。应急救援人员按照"安全第一、先通后复、请求上报、先主后次、优先原则"的原则，配备相应的专业防护装备，采取安全防护措施，按照安全操作规程进行应急处置，确保人身和设备安全。

2. "先通后复"原则

尽快恢复系统的基本功能或在最短时间内修复1~2台简单故障设备，尽快降低故障等级。

3. "请求上报"原则

故障无法处理，立即请求技术支援，并上报。不能无故拖沓、延期上报。

4. "先主后次"原则

在最短时间内恢复车站计算机和中央计算机系统的部分必要功能，降低对系统和运营的影响程度。

5. "优先级别"原则

在中央控制级和现场控制级两个级别同时发生两个以上的控制系统故障时，抢修优先级别顺序是：现场、车站、中央。

第四目　客流组织岗位要求

车站在发生常态化和突发大客流冲击时，应按照"点、线、面"客流控制的原则，根据现场客流情况及时采取或申请启动客流控制措施。客流控制措施为站控、线控以及网控3个级别，其中，站控是线控和网控的基础。

一、车站级客流控制（站控）

（一）车站三级客流控制

（1）第一级客流控制：在付费区采取措施控制站台乘客数量的客流组织行为。当站台出现乘客拥挤时，站台区域负责人向车控室汇报，由值班站长决定进行第一级客流控制。

① 在站厅与站台的楼梯、扶梯连接处设置控制点。

② 改变扶梯走向。

③ 通过停用扶梯及引导乘客走楼梯等方式减缓乘客的走行速度。

④ 在付费区设置回形线路。

（2）第二级客流控制：在非付费区采取措施控制进入付费区乘客数量的客流组织行为。当采取第一级客流控制措施后，站厅付费区滞留乘客较多时，由值班站长决定进行第二级客流控制。

① 关闭部分进站闸机限流。

② 在进站闸机口设置铁马等备品限制乘客进站。

③ 通过控制安检速度控制乘客进站速度。

（3）第三级客流控制：在出入口外采取措施控制进站乘客数量的客流组织行为。当采取第一级、第二级客流控制措施后，站内滞留乘客较多，由车站与地铁公安共同决定进行第三级客流控制。

① 在出入口用铁马等备品限制乘客进站。

② 在出入口外设置回形线路等。

（二）客流控制注意事项

进行车站客流控制，应在站台、站厅及出入口设置区域负责人，各区域负责人间实行区域联控。各区域负责人及其他管控人员应根据区域特点合理采取控制措施，确保客流组织顺畅。

1. 站台管控

（1）站台是供列车停靠、乘客候车及乘降使用的场所，客流组织应重点考虑列车正点、列车运输能力的充分利用以及站台运营安全。

（2）宣传疏导乘客在安全范围内候车，避免挤靠屏蔽门发生危险。

（3）疏导乘客分散上车，确保列车站停时分。

（4）组织乘客先下后上，对下车的乘客迅速疏导出站台。

2. 站厅管控

（1）站厅是提供乘客售检票作业使用的场所，主要应防止购票、出站乘客滞留或产生客流交叉。

（2）应保持售票位置之间有足够空间，以便于客流疏导，避免购票、出站乘客相互影响。

（3）应尽量避免主客流的交叉对流，可根据需要设置导流设施，重新划分付费区与非付费区，实现进出站乘客的分流。

（4）遇大客流进出车站时，应适时采取增加服务人员、改变闸机通道方向、疏导客流至其他闸机群等方式进行组织。

（5）配合出入口及通道的单向使用，重新划分站厅功能。

3. 出入口及通道管控

（1）出入口及通道是车站的门户，其主要作用是集散客流。部分车站出入口连接人行过街通道或商业建筑，主要应避免大客流集中进站。

（2）出入口管控可采取单向使用、客流控制、封口、设置限流导流设施等方式进行组织。

（3）通道内应保持畅通，要避免客流滞留。

（4）通道内商铺、通道口商业设施衔接的部分，如其商业行为对安全造成影响时，可采取让其暂时关闭的措施。

4. 自动扶梯管控

（1）可预见性大客流，原则上应在重点车站关键扶梯口设置专人专岗引导客流，提醒乘客乘坐安全，避免发生拥堵，造成踩踏事件。

（2）按客流控制等级调整运行状态，确保疏散能力。

（3）老弱病残、儿童及行动不便人员无正常成人陪同时，管控人员应进行陪同护送或劝其从步梯通行。

（4）引导携带大件物品、易碎物品等可能带来安全隐患的乘客从步梯通行。

（5）遇紧急情况，及时按压紧停按钮。

二、换乘大客流控制措施

换乘站是地铁线网的重要节点，也是线网运营组织、客流输送管理的中心环节，客流在换乘站大量集散。当出现换乘大客流时，换乘车站应及时报告行车调度员，并根据客流大小、方向及时调整车站客流组织方式，尽量减少换乘客流与进出站客流的交叉、干扰，确保换乘客流畅通，避免出现客流对冲。

（1）充分利用车站站厅、站台空间结构，合理调整换乘路线。换乘空间不足的车站在必要时可设置地面换乘路线，缓解换乘客流压力。

（2）在换乘路线设置控制点，并安排专人加强引导，对换乘客流进行控制，必要时可临时关闭某方向或双向换乘通道。

（3）换乘站值班站长应视情况及时向本线行车调度员申请启动线控、网控、组织列车越站等措施对客流进行控制、分流，缓解换乘车站客流压力，确保客运组织安全、有序、可控。

（4）当换乘站进行客流控制时，行车调度员应视情况通知换入客流较大的相邻线路车站及时播放越站或换乘大客流广播，告知乘客大客流信息。

三、线路级客流控制（线控）

线控由该线路行车调度员宣布启动，对本线运力紧张区段各站及以近区段（运力紧张区段与该运行交路起始站之间区段为以近区段，下同）各重点站（侧式站台车站可单限运力紧张方向，下同）进站客流进行控制。

（1）启动时机：换乘站已启动通道卡控制换乘客流，线路客流量持续增大，换乘站付费区滞留乘客达到付费区有效面积（站厅付费区及大客流一侧站台有效面积之和）的 1/2 以上，短时间内无法缓解，由换乘站值班站长及时组织行车值班员向本线行车调度员申请启动线控。

（2）行车调度员宣布启动线控后，行车调度员指定的主控站及辅控站（进站客流对主控站影响较大的车站）立即按本站限流方案，可逐步或越级采取一、二、三级客流控制，限制进站客流速度，原则上限流车站进站客流不应高于同时段该站正常客流的 80%，若客流量仍然无法缓解且可能出现危及乘客人身安全情况时，可采取暂停部分车站乘客进站的措施。

（3）车站及列车秩序恢复正常后，按照"谁申请，谁取消"的原则，由主控站向行车调度员申请取消线控，行车调度员同意后宣布取消线控。

四、线网级客流控制（网控）

网控由值班主任宣布启动，对邻线换入本线客流进行控制。

（1）启动时机。

① 某条线路经采取线控措施后，申请启动线控的换乘站客流仍然无法缓解，所在站值班站长及时组织行车值班员向行调申请启动网控。

② 当线路因故障出现运营中断、运力水平严重下降，本线路不具备邻线换入客流条件时。

③ 其他值班主任认为应启动网控的情况。

（2）本线运力紧张区段及以近区段换乘站应对邻线换入客流通过绕行、引导等方式延缓客流换入速度。

（3）接到网控命令后，本线及邻线辅控站对换入运力紧张区段客流进行限制，原则上辅控站进站客流不应高于同时段该站正常客流的 80%。若客流量仍然无法缓解且可能出现危及乘客人身安全情况时，可采取暂停部分车站乘客进站的措施。

（4）当线路出现运营中断、行车间隔大幅增加、换入客流严重滞留等情况时，行车调度员可根据实际情况组织邻线列车越行该线路换乘站。

（5）车站及列车秩序恢复正常后，按照"谁申请，谁取消"的原则，由主控站向行车调度员申请取消网控，行车调度员报值班主任同意后宣布取消网控。

五、常态化客流控制原则（主动限流）

常态化客流控制是根据车站、本线或线网的客流情况，在日常或节假日固定时间内启动客流控制。

（1）票务中心负责定期收集、分析线网客流数据，客运部牵头定期分析客流数据，查找客流规律，调整常态化限流线路、车站及限流强度和时段，并经客运服务专题会审核后下发常态化客流控制的通知。在工作日或节假日固定高峰时段内，在大客流站实施常态化客流控制，采取主动计划性控制取代被动应急性控制，掌握控制先机，确保整个线网客流组织的安全、有序。

（2）各常态化客流控制站按照通知要求，做好预想、提前安排，确保联控安全有序，发挥实效。

（3）常态化客流控制站在进行客流控制时突发客流变化，车站可对本站客运组织措施进行调整并知会行车调度员。

六、大客流组织站务员岗位要求

（1）站台岗：听从站台负责人指挥，引导乘客分散排队候车，避免乘客在扶梯口拥堵。组织站台乘降，及时向站台负责人报告站台客流情况。

（2）售票岗：进行售票、兑零、乘客事务处理等操作，根据客流组织需要调整售票速度。

（3）站厅付费区厅巡：听从站厅负责人指挥，设置导流设施，维持客流秩序，进行站台客流控制。

（4）站厅非付费区厅巡：听从站厅负责人指挥，设置导流设施，进行进闸客流控制；TVM、票务中心、临时票亭乘客分布不均时，引导乘客分散排队购票。

（5）站厅出入口厅巡：听从站厅负责人指挥，对进站乘客进行分流，避免客流交叉，保证各TVM、客服中心、临时票亭客流均衡，需进行二级客流控制时，参与客流控制，引导乘客快速出站。

（6）出入口厅巡：听从出入口负责人指挥，负责出入口客流控制，设置导流设施，控制进站人数。

第五目　行业基础英语内容

一、常用单词和短语（Words and Phrases）

轨道交通行业常用单词和短语如表4-7所示。

表4-7　常用单词和短语

英语	汉语	英语	汉语
ticket vending machine	自动售票机	station	车站
turnstile	闸机	train	列车
platform	站台	airport	机场
staff	工作人员	exit	出口
toilet	厕所	washroom	卫生间
terminus	终点站	street	街道
recharge	充值	corner	拐角

续表

英语	汉语	英语	汉语
dwell time	停站时间	bank	银行
map	地图	hospital	医院
one-way ticket	单程票	mall	商业街
Tianfu card	天府通	school	学校
sign	签字	arrive	到达
blind	盲人	persuade	劝说
disability	残疾人	check	检查
receipt	发票	ensure	确保
button	按钮	queue up	排队
wait a moment	请等一会	belt	传送带
out of service	暂停服务	refuse	拒绝
the overtime fee	超时费用	suspicious	可疑的
enjoy free rides	享受免费乘车	forbid	禁止
5 yuan note	5元纸币	flammable	易燃的
1 yuan coin	1元硬币	firework	烟花
destination station	目的地	ban	禁止
morning peak	早高峰	transportation	交通
evening peak	晚高峰	Security	安全
rush hour	高峰时段	go straight	直走
interval between trains	列车间隔	button	按钮
the number of tickets	车票张数	handle	手柄
out of change	零钱不足	tracks	轨道
the machine is out of order	机器故障	articles	物品
a valid ticket	有效的车票	collisions	碰撞；冲突
go through the turnstile	通过闸机	instruction	指示
at the same time	同时	announcement	通知
Commemorative tickets	纪念票	public	公共的
compulsory soldier	义务兵	allow	允许

二、售票政策（Ticket）

（一）售票亭售票

（1）您好，您可以购买单程票。

Hello, you can buy a one-way ticket here.

（2）您好，您可以办理天府通卡。

Hello, you can get a Tianfu card here.

（3）您好，请问您到哪里？

Hello, which station are you heading to?

（4）××站一张，收您×元。

One ticket for ××station is × yuan.

（5）请拿好，找您×元。

This is your ticket and your change. Thank you.

（6）请您当面点清票款。

Please check your change and ticket.

（7）请您保管好车票，出站验票收回。

Please take good care of your ticket and return it when you're exiting the station.

（8）请到售票处换硬币。

Please go to the ticket center to get change.

（9）暂停服务，请稍候。

It's out of service. Please wait a moment.

（10）我们会给您提供一张免费票，您就用这张票出闸吧。

We will issue a new card for you to get out. There will be no charge for this one.

（11）请在这里签字。

Please sign here.

（二）补票规则

（1）不好意思，您的车票超乘了，请补足车费。

I'm sorry but your card is no longer valid because you get off at a different station. You will have to pay for the difference.

（2）您的票超时了，您需要补足3元超时费。

I'm sorry but your card is no longer valid because it is beyond the allowable time period. You will have to 3 yuan for the overtime fee.

（3）对不起，您的小孩超高1.3米，需要补一张单程票。

I'm sorry but your child is taller than 1.3 meter. He/she will need to buy a ticket.

（三）售票政策

（1）义务兵、伤残军人、残疾人民警察、盲人、其他重度残疾人免费乘坐。

Compulsory soldier, soldier with disability and people's police, the blind, the other passengers with disabilities enjoy free rides.

（2）每位成年人可免费携带一名身高1.3米以下儿童乘车，超过一名的，按超过人数购票。

A child under 1.3 meters may board the subway free of charge when accompanied by an adult. However, this only applies to one child per adult passenger. If an adult passenger brings more than one child, only one child may enter the station free of charge. All other children have to pay for a ticket.

（3）纪念票、其他特殊票种

Commemorative tickets, other special tickets

（四）自动售票机

（1）自动售票机可接受5元纸币、10元纸币、20元纸币、1元硬币。

The ticket machines only accept 5 yuan note, 10 yuan note, 20 yuan note and 1 yuan coin.

（2）自动售票机可以充值天府通卡。

You may recharge your Tianfu card at the ticket machine.

（3）您好，请选择您的目的站。

Hello, please choose your destination station.

（4）请选择起始站。

Please select departure station.

（5）请选择终点站。

Please select terminus.

（6）请选择您购买的张数。

Please select the number of tickets/how many tickets you're buying.

（7）请从取票口取走您的车票。

Please collect your ticket (and change) at the tray at the bottom.

（8）请您往这边进站。

Please walk this way to board the subway.

（9）不好意思，本机零钱不足，请到其他机器购票。

I'm sorry. This ticket machine is out of change. Please use another one.

（10）请到这边办理退票业务。

Please come here to return your ticket.

（11）欢迎光临，请选择画面上的按钮。

Welcome! Please select a button on the screen.

（12）请投入现金，然后按下确认按钮。

Please insert cash and press the button.

（13）请插入充值卡。

Please insert your card/please insert your Tianfu card.

（14）售卡充值机故障，请去窗口办理。

The machine is out of order. Please go to the ticket center.

（15）您好，请选择您的目的站。

Hello/Excuse me, please select the station you're going to/your destination.

（16）请选择您购买的张数。

Please select the number of tickets/how many tickets you're buying.

（五）出入闸口

（1）请确认您的卡。

Please check your ticket.

（2）请您通知工作人员。

Please see staff for assistance.

（3）请到售票处处理。

Please go to the ticket office for help.

（4）在此刷卡。

Swipe your card here.

（5）请您再刷一次卡。

Please swipe your card again.

（6）请插入卡。

Please insert your ticket.

（7）请使用其他通道。

Please use another gate.

（8）余额不足，请您充值。

Sorry, your ticket has not enough value. Please recharge your card.

（9）车票无效，请使用有效车票。

The ticket is not valid. Please use a valid ticket.

（10）刷卡设备故障，请您使用其他设备。

The machine is out of order. Please use another one.

（11）该卡不能用，请到窗口处理。

This card is not valid. Please see staff for assistance. /The ticket is not valid. Please go to ticket office for help.

（12）不要同时使用多张卡。

Please don't use more than one card at the same time.

（13）请一个个有序地过闸机。

Go straight down those stairs and follow the signs.

（14）您应该用右手持票通过检票机。

Use your right hand to hold the ticket when exit.

（15）我不能通过出闸机，我的票有什么问题吗？

I cannot go through the turnstile. (I cannot get out) Is there a problem with my ticket/ card/pass?

（16）打扰一下，我不能过出口闸机。

Excuse me. I cannot get through the turnstile.

（六）其他政策

（1）可以在地铁车站的自助售票机和车站"票务中心"办理充值业务。

You may recharge your card at the ticket machine or the ticket center.

（2）车票只有当日有效，若丢失请补票。

The ticket is valid only on the day of purchase.

（3）请到客服中心拿取发票。

Please go to the Customer Service Center to get your receipt.

（4）您好，我的卡丢了怎么办？

Excuse me，I lost my metro card.What should I do?

（5）对不起，卡是不记名的，您只能在重新办理一张。

I'm sorry.The metro card is not registered.you have to get a new one.

三、站点信息

（一）询问（Asking Questions）

（1）我迷路了。

I'm lost.

（2）……在哪儿？

Where is ___ ?

（3）我该怎样去……站？

How do I get to ___ station?

（4）请问到……应该在哪个地铁站下车？

Can you tell me which station I have to get off to go to _____?

（5）出口在哪里？哪个出口能到……？

Where is the exit/Exit __? / Which exit to ____?

（6）去……是这个方向吗？

Is this the right direction/way to ___?

（7）卫生间在哪里？

Where is the bathroom/toilet/restroom/washroom?

（8）乘坐#号线到……站。

Take Line # to ____ station.

（9）转#号线。

Transfer to Line #.

（10）在……站下车。

Get off at _____ station.

（11）从#出口出去。

Go out exit #.

（二）回答（How to Answer）

（1）本次列车开往……方向。

This train is bound for/goes to/runs to____.

（2）本次列车终点站为……。

This train stops at ____.

（3）在……大街/路/大道。

It's on ____ street/road/avenue.

（4）在……和……的拐角处。

It's on the corner of __ and __.

（5）在银行/医院/商业街/学校的旁边。

It's next to the bank/hospital/mall/school.

（6）在……的对面。

It's across from the ____.

（7）在书店的对面。

It's opposite the bookstore.

（8）在电影院对面的春熙路上。

It's in Chunxi Road across from the movie theater.

127

（9）沿着……路到……街。

Go down ___ Road to ___ Street.

（10）在……大道左转。

Turn left on ___ Avenue.

（11）就在您的右边/左边。

It's on your right/left.

（12）正好在您对面。

It will be right in front of you.

（三）其他短语及句型

（1）本线首末车时间。

First/Last train schedule.

（2）请问首/末班车是什么时候？

When does the first/last train arrive?

（3）沿着这条街走。

Go along this street.

（4）直走。

Go straight.

（5）第二个十字路口向右拐。

Turn right at the second intersection.

（6）在第一个拐弯处向左拐。

Take the first left.

（7）过了这条街，然后向左拐。

Cross the street and turn left.

（8）就在拐角处。

It's just around the corner.

（9）就在街那边。

It's just across the street.

（10）就在银行对面。

It's opposite (to) the bank.

（11）就在邮局隔壁。

It's next to the post office.

（12）就在酒店附近。

It's near the hotel.

（13）走路5分钟就到。
It's about 5 minutes walk.
（14）在这条街的尽头。
It's at the end of the street.
（15）请问机场到哪个站下车方便？
Excuse me, which station should I get off to get to the airport?
（16）机场在锦江宾馆站下换乘公交。
Get off at Jinjiang Hotel station to transfer to an airport shuttle bus.
（17）请问美国领事馆在哪里下车？
Excuse me. I'm going to the US consulate. Which station should I get off?
（18）您可以乘地铁去倪家桥站，然后走几分钟路就到了。
You can get off at Nijiaqiao Station. It's a couple minutes walk from the station.
（19）如您需要换乘地铁2号线可以到天府广场站换乘。
If you need to transfer to Line 2, please get off at Tianfu Square.
（20）换乘2号线的乘客请往楼梯中部走。
Transfer to Line 2 is located on the floor below. Please walk toward the elevators in the middle section to get to the transfer point.

四、出入站点

（一）进闸

（1）您好，您可以在地铁车站的自动售票机和车站"票务中心"办理充值业务。
Hello, you may recharge your pass/card at the ticket machine or the ticket center.
（2）请右手持卡，刷卡通过。
Please use your right hand to hold the ticket and swipe it as you pass through the turnstile.
（3）请将卡轻触右侧闸机感应区，待扇形门打开后通过。
Please tap the ticket on the sensor on your right hand side until the turnstile open before proceeding forward.
（4）您的车票是无效票，请到票务中心处更新。
Your ticket is invalid; please get a new one at the ticket center.
（5）请您过安检，接受检查。
Please go through the security check.
（6）请在这里签字。
Sign here, please.

（7）您包里有违禁品，请打开包接受检查，请您配合。

You have contraband in your bag. Please open your packages for inspection. Please cooperate.

（8）您好，这是违禁品，按照规定不允许进站上车。

Excuse me, this item is prohibited within the station premise.

（9）您好，这不能带入地铁站，对其他乘客的安全会造成威胁，请您选择其他交通工具。

Excuse me, this item cannot be brought into the subway station because it's a threat to the safety of other passengers. Please choose other means of transportation.

（10）您好，那是违禁品，您不能带进站。但是我们可以帮您保管，您回来的时候可以在我们站取回。

I'm sorry but this item is not allowed inside the premise. You may not bring this inside the station. However, you are welcomed to leave this item here with us and take it once you return from your trip.

（11）刷卡设备故障、请您使用其他设备。

The machine is out of order. Please use another one.

（12）地铁运力不足，有急事者请选择其他交通工具。

The subway is full. Please wait for another one or use a different mode if you're in a rush.

（13）欢迎光临，请选择画面上的按钮。

Please select the button/Welcome. Please select the button on the screen.

（14）请投入现金，然后按下确认按钮。

Please insert cash and push the button.

（15）请插入充值卡。

Please insert your card/Please insert your rechargeable card.

（16）请您再刷一次卡。

Please swipe your card again.

（17）请使用其他通道。

Please use another gate.

（18）请确认您的卡。

Please check your ticket.

（19）暂停服务，请稍候。

Out of service. Please wait.

（20）请查看超时扣款。

Please check overtime fee.

（21）请选择要查询的线路。

Please select line/Please select line button.

（22）请选择起始站。

Please select departure station.

（23）请选择终点站。

Please select your destination.

（二）出闸

（1）乘坐电梯时，请抓好扶手，左行右立，小心安全。

When you are on an escalator, please hold on to the handrail, stand on your right and let other passengers pass on your left. Stay safe.

（2）车票只有当日有效。

Ticket is only valid on the day of purchase.

（3）您就用这张票出闸吧。

We will issue a new card for you to get out. There will be no charge for this one.

（4）您卡里的余额不足，请去售票亭补足费用。

The credit in your card is insufficient. Please go to the ticket office to recharge your card.

（5）待扇形门打开，再通行。

Please insert the one-way ticket into the machine. Wait until the turnstile opens before proceeding forward.

（6）请乘客右手持卡，刷卡通行。

Dear passengers, please hold your ticket in your right hand, swipe the ticket and pass through.

（7）您的车票是无效票，请到票务中心更新。

Your ticket is invalid. Please go to the ticket center.

（8）您可以走这边，从 B 出口出站，再乘坐 504A 公交车，在世纪城南路中站下。

You can go this way. Go out Exit B and then take bus 504A to South Station of Century City.

（9）该卡不能用，请到窗口处理。

This card is not valid. Please see staff for assistance/The ticket is not valid. Please go to ticket office for help.

（10）请您充值。

Please recharge your card.

（11）对不起，此票不能使用。

Sorry, this ticket has expired. /Sorry, the ticket is not valid.

（12）请您购票。

Please buy a ticket.

（13）请插入卡。

Please insert your ticket.

（14）对不起，此票不能使用。

Sorry, this ticket is not valid/Sorry, the ticket has expired.

（15）请您通知工作人员。

Please see staff for assistance.

（16）请到售票处处理。

Please go to the ticket office for help.

（17）余额不足。

Sorry, your ticket has not enough credit.

（18）车票无效，请使用有效车票。

The ticket is not valid. Please use a valid ticket.

五、地铁车站安全

（1）禁止携带折叠自行车进站。

Bicycles are prohibited within the station premise.

（2）禁止携带充气气球进站。

Inflatable balloons are prohibited within the station premise.

（3）禁止携带铁锅、铁棒进站。

Any items that are made of iron is prohibited within the station premise.

（4）禁止携带自行车、电动车、平板车站进站。

Bicycles, electrical scooters, and platform trolleys are prohibited within the station premise.

（5）禁止携带易燃易爆、有毒、腐蚀、放射等危险品进站。

Inflammable items, explosives in any form, poisons, corrosives, and any dangerous goods are strictly prohibited within the station premise.

（6）禁止携带枪支弹药和尖锐物品进站。

Any type of firearms, ammunition, and sharp objects are strictly prohibited within the station premise.

（7）对不起，那是违禁品，您不能带进站。但是我们能帮您保管，您回来的时候可以在我们站取回。

I'm sorry but this item is not allowed inside the premise. You may not bring this inside the station. However, you are welcomed to leave this item here with us and take it once you return from your trip.

（8）站内禁止吸烟。

Smoking is prohibited within the station premise.

（9）禁止携带易燃易爆物品，有毒有害、腐蚀性、放射性等危险品；禁止携带易污损设施、有严重异味、无包装易碎和尖锐的物品；禁止携带非法持有的枪械弹药和管制器具以及国家公安机关禁止携带的其他物品。

Prohibited articles are the following: the combustible, explosive, poisonous, toxic, corrosive and radioactive; any object capable or appearing capable of defacing and staining facilities; extremely smelly, non-packed fragile and pointy items. It is prohibited to carry illegally possessed guns, ammunitions, controlled knives and other articles that are banned by state public security organs.

（10）禁止携带犬只等宠物以及其他可能妨碍城市轨道交通运营安全的动物。

No pets are allowed, including dogs and other animals that pose potential threats to the subway.

（11）精神病患者、智障者、行动不便者、学龄前儿童以及失明、失聪等残障人士，须在健康成人陪同下乘车；无人陪同时，请及时联系车站工作人员，以获得相应帮助。醉酒者、赤脚者、赤膊者、患有危及他人健康的传染病患者以及其他不适宜乘坐城市轨道交通者不得进站乘车。

Healthy adult are required to accompany people with disabilities, and children. If they are alone, please contact the station's staffs for assistance. People who are drunk, bare-footed, barebacked, or with infectious diseases that may endanger others are not allowed to enter the station. The same for people who are not suitable for taking the subway.

（12）为了保持和爱护城市轨道交通环境卫生，维护公共秩序，禁止下列行为：

To maintain and care for the environment and sanitation of the subway and to maintain public order, the following behaviors are not allowed：

（13）禁止在车站内摆摊设点，在车站或列车内兜售或派发物品、散发告宣传品等。

No stalls are allowed within stations, neither peddling nor distributing leaflets within stations and on trains etc.

（14）禁止在车站或列车内随地吐痰、便溺、吐口香糖、乱扔果皮、纸屑、包装物等。

Do not spit, urinate in public, spit gum or litter within stations or on trains.

（15）禁止在在车站、列车或其他城市轨道交通设施设备上涂写、刻画、张贴、悬挂物品等。

Do not scribble, doodle, post and hang items in stations, on trains

（16）禁止在在车站或列车内吸烟、躺卧、乞讨、卖艺、捡拾废品等。

Do not smoke, lie down, beg, perform, or collect waste within stations or on trains.

（17）禁止在车站或列车内追逐打闹、大声喧哗、跳舞、弹奏乐器、踩踏座椅、堵占车内或站内通道等。

Do not chase, clamor, dance, play musical instrument, stomp chairs, occupy passageways within stations or on trains.

（18）禁止在车站内停放车辆，在车站或列车内滑滑板、骑独轮车等。

Do not park vehicles within stations and do not ride skateboard or monocycle and the like when in stations or on trains.

（19）禁止在站台上、列车内饮食可能影响列车运营安全、环境卫生的食品或饮品。

Do not take food or beverage that may pose danger to safe operation and clean environment when on platform and on trains.

（20）严禁下列危害城市轨道交通运营安全的行为：

Behaviors posing threat to urban rail transit operation are strictly forbidden:

（21）严禁擅自操作有警示标志的按钮、开关装置，非紧急状态下动用紧急或者安全装置。

Do not touch and operate the presses and switches that are labeled with warnings. Only under emergency circumstances can the emergency or safety devices be operated.

（22）严禁移动、遮盖或污损安全消防警示标志、疏散导向标志、测量设施、灯箱以及安全防护设备。

Do not move, cover or deface safety and fireproof warnings, evacuation directions, measurement facilities, light boxes and other safety equipment.

（23）严禁拦截列车、阻断运输。

No intercepting and blocking of trains and transportation.

（24）严禁跳下站台或擅自进入有警示标志的区域。

No jumping off platform or entrance into areas with warning signs.

（25）严禁攀爬、翻越或推挤围墙、栏杆、闸机、车辆、安全门、屏蔽门等。

No climbing, crossing or pushing walls, handrails, gates, vehicles, emergency exit door, shielded gates etc.

（26）严禁强行上下车。

Do not attempt to force your way on board.

（27）严禁在车站或列车内点火。

Do not start fires within stations or on trains.

（28）严禁阻挡车门、屏蔽门或安全门的正常开启或关闭。

Do not interfere with the normal opening or closing of the train door, shielded gates or emergency exit door.

（29）严禁在运行的自动扶梯上逆行以及其他危害城市轨道交通运营安全的行为。

Do not go against to the normal direction of escalator. Other behaviors that may pose hazards to urban rail transit are forbidden.

六、站台候车

（一）在站台（At the platform）

（1）请站在黄线后等待。
Please wait behind the yellow line.

（2）等车期间请排队站好。
Please stand in line while waiting for the train to arrive.

（3）不要随地乱扔垃圾。
No littering.

（4）请勿坐卧停留。
No loitering.

（5）请勿吸烟。
No smoking.

（6）请您按地面标志排队候车。
Please line up according to the sign on the ground.

（7）正在检修。
Under maintenance.

（8）电梯维修，暂停使用。
Escalator out of service.

（9）电梯故障停运正在维修，请原谅。
Escalator is under repair. Apologies for any inconvenience caused.

（10）施工（检修）给您带来不便，请原谅。
It's under construction /repair. Apologies for any inconvenience caused.

（11）靠右站立、左侧疾行。
Please stand on the right side and let other passengers pass on your left.

（12）电梯在哪儿？
Where is the escalator?

（13）电梯在这儿/那儿/往这儿走。
The elevator is over here/there/this way.

（14）乘坐电梯时请抓好扶手，靠右站稳，注意安全。
Please hold the handrail when you're on the escalator. Stand on the right and let passengers on the left pass. Be safe.

（15）直走下那边的台阶，然后向着指示牌方向走。
Go through the gate one by one, please.

（16）乘自动楼梯下去，然后往左拐。

Take the escalator and then turn left.

（17）请顺序出站。

Please Exit in Order.

（二）询问列车（Asking about the train）

（1）您好，请问下趟车什么时候到？

Excuse me, when will the next train arrive?

（2）第一趟车___分钟后到达____站。

The first train will arrive at ____/in___minutes.

（3）末班车什么时候到达____站？

When is the last train to ____ Station?

（4）末班车____点到达____站。

The last train to ____ Station will be at ____.

（5）到×××的末班车几点？

What time does the last train leave to×××?

（6）请问下一班车什么时候到？

Excuse me, When will the next train arrive?

（7）出什么事了？为什么列车还没有到？

What's the matter? Why hasn't the train arrived yet?

（8）抱歉，末班车已经开走了。

I'm sorry. The last train has already left.

（9）开往×××（站名）方向的列车将要进站。

The train bound for ××× is arriving.

（10）抱歉让您久等，列车可能出现故障。请耐心等候！如果您有急事，可以转乘其他交通工具。

Sorry to keep you waiting. There must be something wrong with the train. Please wait patiently. If you are in a hurry, I'd suggest you to use a different mode of transportation.

（11）请您按照箭头排队候车，先下后上，谢谢合作。

Please line up while waiting for the train to arrive. Allow passengers to exit before boarding the train. Thank you.

（12）请问下趟车还有多久？

Excuse me, when will the next train arrive? How long will it take for the next train to arrive?

（13）请您耐心等待下趟列车。

The next train will arrive in a few minutes. Please be patient.

（14）请勿倚靠屏蔽门。

Please do not lean against the doors.

（三）乘车（Boarding the train）

（1）请勿倚靠车门。

Please do not lean against the doors.

（2）请注意列车和站台之间的间隙。

Please mind the gap between the train and platform.

（3）请不要推挤。

Do not push.

（4）列车已满。

The train is full.

（5）请等待下趟列车。

Please wait for the next train.

（6）请排队上车。

Please stand in line to get on the train.

（7）先下后上。

Please let passengers get off first before boarding the train.

（8）请勿挤靠车门，以免发生危险。

For your safety, please keep clear of the door.

（9）贵重物品，随身携带。

Don't leave your valuables unattended.

（四）其他

（1）厕所在哪里？

Where is the restroom/washroom/toilet?

（2）厕所在本站的C口，请直走。

The restroom/washroom/toilet is by Exit C. Please go straight this way/keep walking in this direction.

（3）请跟我来。

Follow me, please.

车站客服工作案例

事件概况：

9月14日12:00左右，两名老年乘客在某站，从站厅乘坐电扶梯至站台时，其中一名老年乘客在电扶梯底部摔倒，扶梯岗及时按压电扶梯紧停按钮。现场引起同在该电扶梯上的另外一位女性乘客不满，并询问扶梯岗停梯原因，扶梯岗回复乘客："你没看到前面有乘客摔倒吗？"该句话引发乘客投诉。当日车站接公司热线电话要求回复，当班值班站长进行投诉调查回复时缺乏技巧，未正面回复员工服务态度问题，只解释地铁工作人员对电扶梯紧停的处置流程，乘客对车站回复不满，再次造成市政投诉。

该事件中车站扶梯岗语言使用不当，值班站长处理投诉欠缺技巧，造成投诉升级。该公司将该事件定为一类有责乘客投诉。

事件分析：

（1）扶梯岗一是在按压紧停时未使用标准用语："请抓紧扶手，电梯将紧停"，安全提示不到位；二是乘客提出疑问时态度冷漠，语言使用不当，引发乘客投诉。

（2）当班值站未严格执行投诉处理及调查原则，做好投诉调查，全面了解乘客诉求，且处理投诉时欠缺服务技巧，未从大局出发缓解乘客不满，导致投诉升级。

（3）中心站管理人员未对该投诉引起重视，在投诉处理过程中缺乏监督、指导，也未及时跟进投诉调查及回复结果。

复习思考题

1. 站务员站台岗安全管理的规定是什么？
2. 引导员的岗位职责是什么？
3. 监控员的岗位职责是什么？
4. 电话闭塞法中电话记录号如何编号？
5. 车门与屏蔽门之间滞留乘客处置的程序是什么？
6. 电话闭塞法启用的条件是什么？
7. 取消闭塞的程序是什么？
8. 徒手手信号类别及显示方式是什么？
9. 车站现金交接的原则是什么？
10. AFC运营模式有哪些？
11. 乘客事务的分类及处理原则是什么？
12. AFC重大故障的定义是什么？
13. 简述线网级客流控制启动的时机。

第三部分　应急处理

第五章　站务员综合应急处理

【本章学习重点】

> 一线站务人员作为城市轨道交通运营的基础，其工作开展情况直接影响城市轨道交通系统的安全、速度、输送能力和效率等多个方面，接下来本章将对站务员岗位的行车、票务、客运服务、综合应急 4 个方面进行讲解。通过本章内容的学习，掌握站务人员在各岗位正常和非正常情况下的工作知识，具有有效综合运用城市轨道交通技术设备的能力，提升自己的业务技能，为自己后续的学习奠定坚实的基础。

第一节　消防工作

第一目　消防管理

消防工作贯彻"预防为主、防消结合"的方针。

一、消防重点部位

所有消防控制室、车站车控室、OCC 调度大厅、特殊生产物资暂存库及其他重要的设备房等均为消防重点部位。

二、动火作业及管理

因工作、施工需要使用熔化焊接、热切割、压力焊、钎焊等特种作业，使用明火的作业，以及在易燃、易爆场所进行的易产生火花的作业。

动火区域按危险程度划分为一类动火区、二类动火区、三类动火区。一类动火区为存放有大量易燃、易爆物资的场所；除一类动火区外，凡划为消防重点部位的均为二类动火区；除一、二类动火区外，其余场所均为三类动火区。凡可撤出一、二类动火区动火作业的，应撤出一、二类动火区。在各类动火区的动火作业属于相应等级的动火作业。

（一）一类动火区

一类动火区为存放有易燃、易爆物质或有大量易燃物的场所，包括物资库存放易燃、易爆物品（包括油、煤气、液化气）的仓库区域，储存过可燃气体、易燃液体的容器及连接在一起的辅助设备等。

（二）二类动火区

二类动火区为消防重点部位的区域，包括OCC控制大厅、变电所（站）、食堂、电客车、工程车、轨行区、车站站台层、设备区、车辆段车间等。

（三）三类动火区

三类动火区为除一、二类动火区外，其他没有明显危险因素的场所，包括车站站厅层、车辆段办公区域、非建筑区域等。在同一区域可划分为不同类别的动火区时，以危险性较大的动火区划分等级。

三、消防组织

各中心、车站需按20%的比例成立一支志愿消防队，在专职消防安全管理人员的带领下开展消防工作，定期进行培训、演练。各中心、车站应建立义务消防队档案，档案内容包括志愿消防队成员名单、培训情况、演练情况，并及时更新档案。志愿消防队每季度至少开展一次培训及演练，做到义务消防队员全员覆盖。

四、消防安全宣传、教育和培训

新入职员工，上岗前须接受三级安全教育，学习消防安全知识，经评估合格后上岗。

（一）一级安全教育

一级安全教育由人力资源部负责组织，安全技术部配合介绍本公司基本概况、生产特点、火灾的危险性、重点部位、防火制度、消防设施以及防火、灭火和逃生自救常识等。

（二）二级安全教育

二级安全教育由各部门负责组织，介绍岗位职责、设备情况，使新员工熟悉重点部位的灭火方案和本部门消防器材的分布，掌握使用扑救方法。

（三）三级安全教育

三级安全教育由车站或班组负责组织，培训新员工熟悉本岗位安全操作规程和本岗位周围消防器材的分布、操作。

消防安全责任人、专（兼）职消防安全管理人、消防控制室值班（操作）人员、消防维护保养检修人员及其他重点岗位人员应当接受消防部门组织的培训或其认可的专门培训。消防控制室值班（操作）、消防维护检修人员必须持证上岗。

各部门必须结合各自的岗位实际，对员工开展消防安全教育培训，每半年不少于一次，并做到全员覆盖。

五、检查制度

1. 日巡查

车站在运营期间的消防巡查每两小时 1 次，运营结束后进行检查，消除遗留火种。日巡查应当填写《每日防火巡查表》，巡查人员须在巡查表上签名。站务员的日常消防安全管理工作主要是对责任区域进行防火巡视，如车站人员、施工人员有无违规用火、用电情况；乘客是否有携带明火、危险品进站及在站内吸烟；车站安全出口和疏散通道是否畅通，疏散指示标志和应急照明是否完好；常闭式防火门是否处于关闭位，防火卷帘门下方是否堆放物品影响使用等。

2. 月检查

（1）月检查每月 1 次，由消防维保单位与属地单位一起进行，消防维保单位为检查主体，与属地单位开箱检查消火栓，并做好清洁卫生，检查最不利点消火栓出水水压，并通过操作就地控制按钮检查防火卷帘起降情况，在与消防维保单位共同确认设备完好无误后贴上属地单位的消防封条，消防维保单位在封条上签字确认。凡是消防封条破封需要重新加封的，由属地单位通知消防维保单位共同确认。

（2）车站所有区域、电客车的灭火器检查每半月 1 次，其他地点的灭火器检查每月一次，由属地单位负责实施并加封封条。

六、消防安全"一懂三会"

（1）一懂：懂得本场所用火、用电、用油、用气火灾危险性。

（2）三会：会报警，发现火灾后会迅速拨打 119 电话报警；会灭火，发生火灾后会使用灭火器、消火栓等扑救初期火灾；会逃生，懂得逃生技巧，发生火灾后迅速逃离现场。

七、微型消防站

为提高地铁消防应急能力，及时处置火情，部分城市轨道交通企业与消防部门合作，建设车站微型消防站，微型消防站的日常管理有以下几个部分。

1. 人员组成

微型消防站队长由中心站站长兼任，微型消防站班长由车站当班值班站长兼任，微型消防站控制室值班员由车站车控室值班人员担任。微型消防站消防巡查员由当班站务及保安、保洁人员兼任（不少于三人）。

2. 日常管理

中心站站长为所辖区域内微型消防站管理责任人，负责对微型消防站实行统一管理。微型消防站管理责任人须按照《消防安全管理制度》要求，按季度制订微型消防站培训演练计划，组织消防站人员及车站员工开展培训和演练。

微型消防站应设立专项管理台账，记录本单位消防基本情况、人员情况、消防装备及设备设施情况等，确保更新及时、数据准确。

微型消防站在运营期间，至少每 2 h 进行一次防火巡查工作，运营结束后立即进行全面检查，消除遗留火种。巡查情况统一在"微型消防站防火巡查记录表"进行记录。微型消防站班长需记录当班期间工作情况，统一在"消防控制室消防值班记录表"进行记录、交接。

微型消防站定期组织开展宣传教育，并按季度组织开展消防演练活动，统一在"微型消防站宣传培训和灭火应急疏散演练记录表"进行记录，并归档至消防安全专项文件盒。

车站发生的火情，须统一在"微型消防站灭火救援记录表"进行记录、存档。

微型消防站须按照《消防安全管理制度》要求，定期组织本单位消防设备设施检查及维护工作，确保消防设备设施数量齐全、状态良好。

微型消防站须建立专项台账，记录防火检查中发现的各类问题，定期进行跟进，督促整改，实现闭环管理。

微型消防站消防装备、器具为专用器具，非紧急情况下严禁挪用，特殊情况下须经得班长同意后方可使用，控制室值班员做好记录；使用完毕后须确保数量齐全、状态良好。

微型消防站备品实行"月检"制度，每月 25 日由消防站队长到所辖各车站，与当值消防站班长双人检查、确认，对消防站所有消防物资进行一次全面清点和清洁工作，检查完毕后，对消防备品柜进行加封，对出现异常的消防物资进行及时换修和报备。

微型消防站班长须利用每日班前会对当日消防站重点工作及注意事项进行强调和布置，传达重要文件，组织全员学习，确定当班期间消防工作任务明确和分工，并对当值期间情况做好记录和交接工作。

微型消防站消防备品柜原则上摆放于车控室内，确保便于取用，消防控制室值班员负责做好备品柜及物资管理。

3. 微型消防站"三知、四会、一联通"建设要求

（1）三知：知道消防设施和器材位置、知道疏散通道和出口、知道建筑布局和功能。

（2）四会：会组织疏散人员、会扑救初期火灾、会穿戴防护装备、会操作消防器材。

（3）一联通：公安消防支队或大中队与微型消防站、微型消防站与队员保持通信联络畅通。

第二目 常用消防设备使用

一、防毒面具

（1）防毒面具利用面罩与人面部周边形成密合，使人的面部、眼睛和呼吸道免受毒剂、生物制剂和放射性尘埃的伤害，同时依靠滤毒罐中吸附剂的吸附、吸收、催化和过滤作用将外界染毒空气进行净化，提供给使用人洁净的空气。其主要用于火灾中个人逃生，可防护热气流、毒烟、毒气、一氧化碳等有害气体对呼吸系统的伤害。车站员工必须掌握防毒面具的基本使用方法（见图 5-1）。

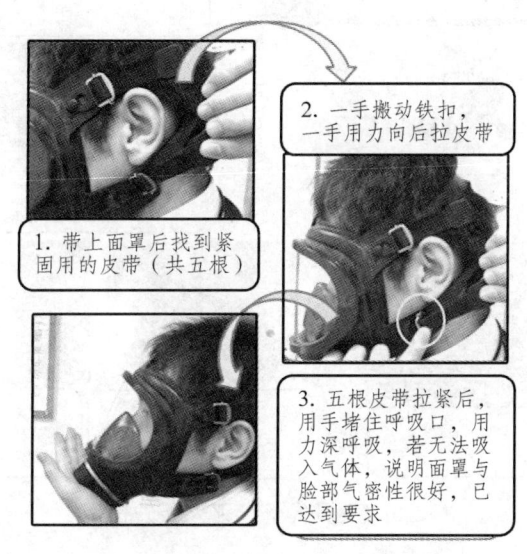

图 5-1 防毒面具基本使用方法

（2）使用防毒面具时，必须检查气密性：用掌心堵住呼吸阀进出气口，然后猛吸一口气，如果面罩紧贴面部，无漏气即可，否则应查找原因，调整佩戴位置直至气密后，将过滤嘴装上，再次检查气密性，如图 5-2 所示。

 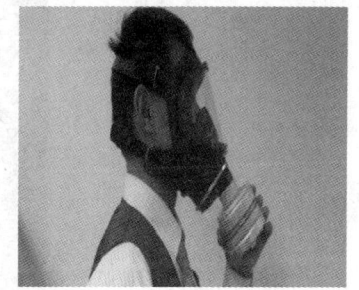

图 5-2 安装过滤嘴

二、灭火器

（一）手提式干粉灭火器

（1）手提式干粉灭火器一般有 7 个步骤（见图 5-3）。

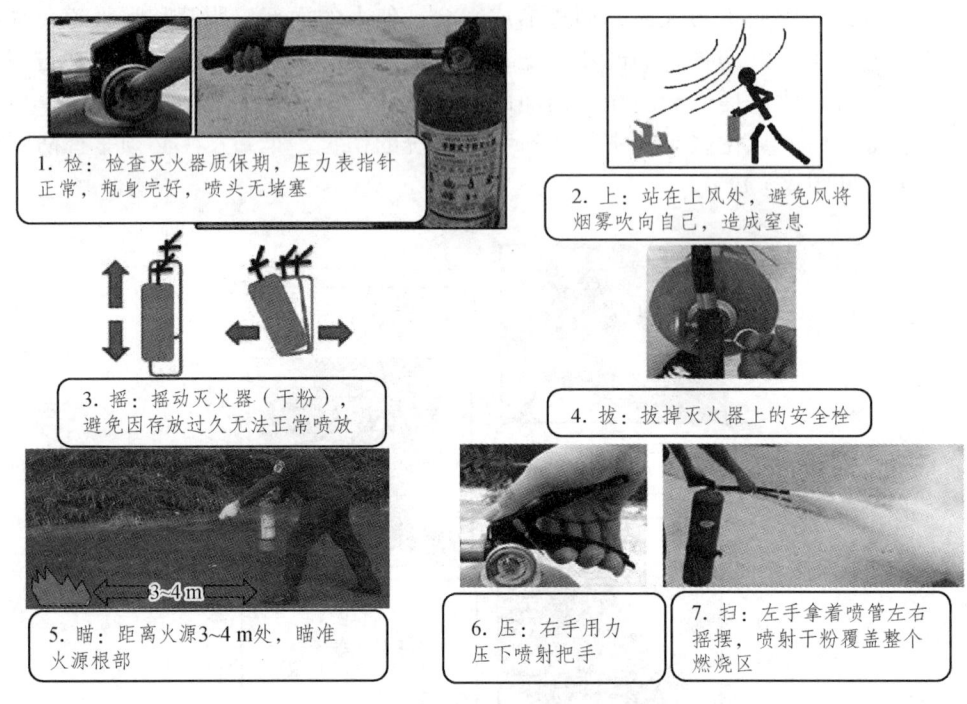

图 5-3　手提式干粉灭火器的使用

（2）在进行灭火器检查时，应检查灭火器压力值是否处于正常范围内（见图 5-4）。

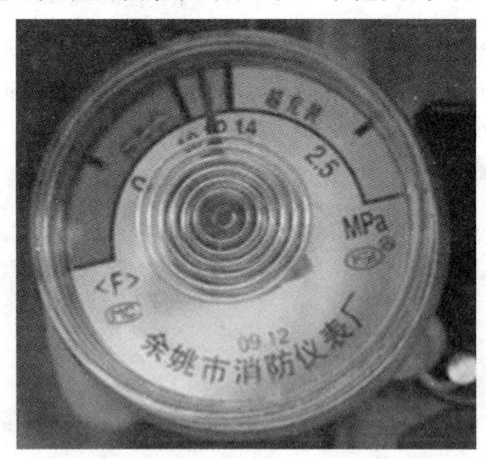

红色：表示灭火器压力欠压
绿色：表示灭火器压力正常
黄色：表示灭火器压力异常，若为黄色，但数值小于等于 1.6，仍可使用

图 5-4　手提式灭火器压力表

（二）推车式二氧化碳灭火器

（1）推车式二氧化碳灭火器的使用步骤主要有5个步骤（见图5-5）。

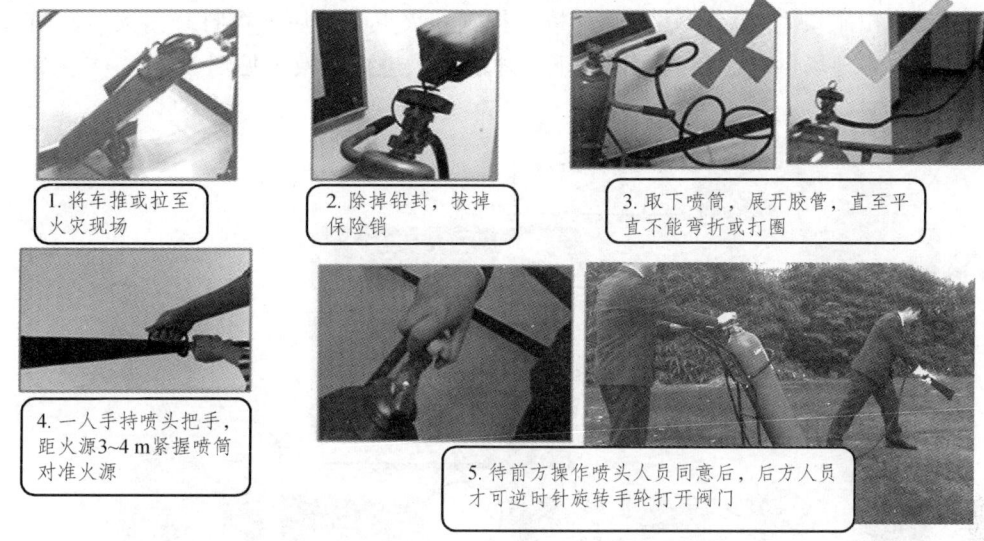

图 5-5　推车式二氧化碳灭火器使用步骤

（2）推车式二氧化碳灭火器一般由两个人使用，使用时，应将灭火器迅速拉到或拖到火灾现场，在距起火点 10 m 左右处停下，使用中要戴上手套，动作要迅速，以防止冻伤，注意事项见图 5-6。

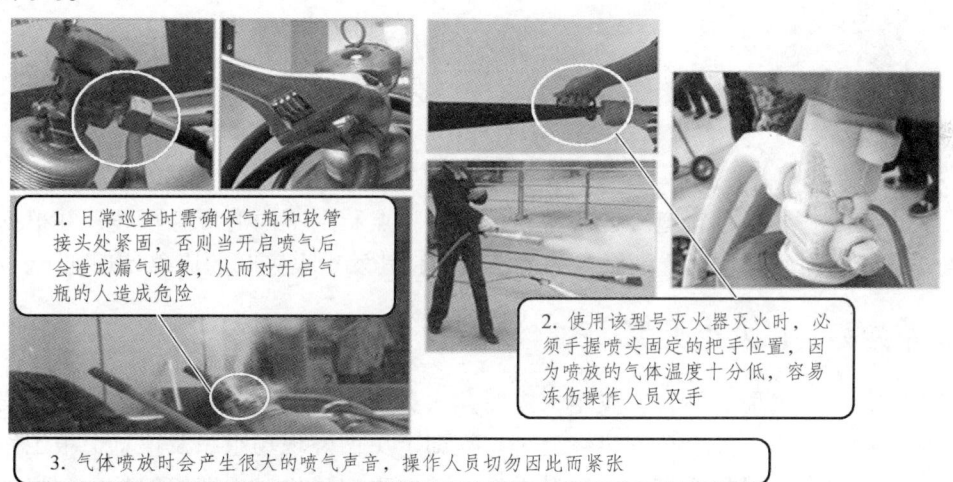

图 5-6　推车式二氧化碳灭火器使用注意事项

三、消火栓

当发生火灾时,找到离火场距离最近的消火栓,打开消火栓箱门,取出水带,将水带的一端接在消火栓出水口上,另一端接好水枪,拉到起火点附近后方可打开消火栓阀门灭火。注意:在确认火灾现场供电已断开的情况下,才能用水进行扑救(见图5-7)。

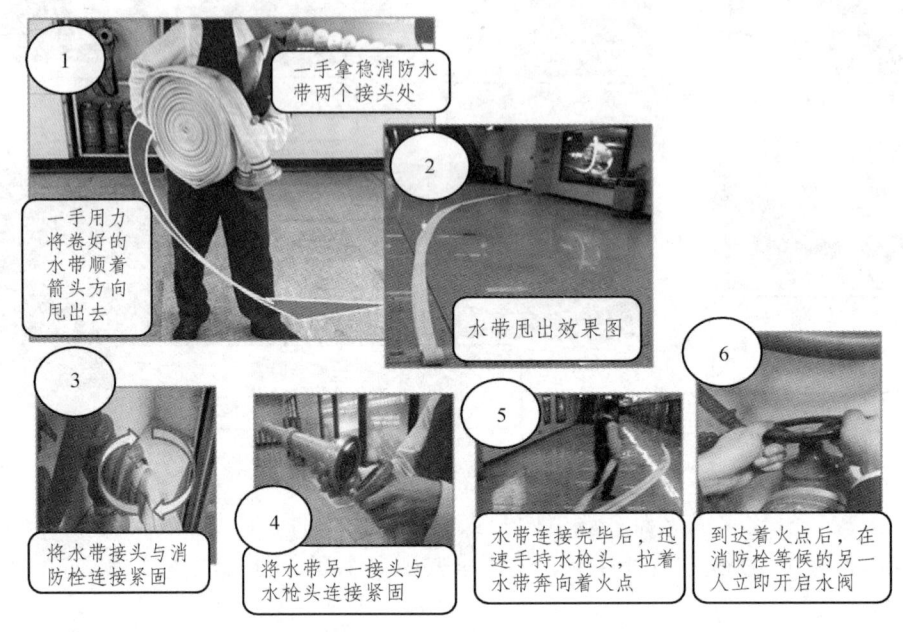

图5-7 消火栓使用方法

第三目 火灾现场应急处置

当发现火灾时,各城市轨道交通公司根据自身特点制定不同的应急预案,并根据发生火灾的地点,进行不同的应急处置。以成都地铁为例,其发生火灾时的应急处理如下:

一、车站公共区发生火灾

当车站公共区(站厅、站台)发生火灾时,人员应将信息第一时间通知地铁公安,加强与地铁公安的协调合作,配合公安进行处理。立即牵头做好现场组织及信息上报工作,并根据公安部门要求组织临时封闭车站,疏散乘客。若有乘客受伤,立即组织救治。将现场交由地铁公安处理,并至安全区域。各中心管理人员按照公司信息上报相关要求,做好应急信息传达、上报工作。确定具备恢复运营条件,经公安部门同意后方可恢复正常运营。车站发现火灾事件后，应立即按相关应急处置程序开展现场初期处置（包括现场初期抢险、车站客流组织、运营组织等）和事件上报工作。站务员各岗位应按表5-1进行应急处理。

表5-1　车站公共区火灾各岗位应急处置流程

厅巡	1. 火灾不可控时，佩戴防毒面具，关停站厅下行电扶梯； 2. 开启边门指引乘客疏散
票亭岗	1. 火灾不可控时，收好钱箱、关闭票亭； 2. 戴好防毒面具，指引乘客疏散
站台岗	1. 火灾不可控时，戴好防毒面具，关停站台下行扶梯，指引站台乘客疏散至站厅； 2. 站台疏散完毕报车控室后，至站厅协助疏散； 3. 站厅疏散完毕报车控室后，至安全区域集中

二、车站设备区发生火灾

当车站设备区发生火灾时，由距离最近的人员通知行车值班员火情，并立即参与初期火情的处置。当班行车值班员立即通知值班站长到现场确认情况，如确认火灾，参与扑救的人员应做好自身防护。在扑救电气设备火灾时，应注意未断电时严禁用水扑救，严防触电事故的发生。各岗人员要遵守规章，服从指挥，沉着果断，严禁擅自撤离，并按信息汇报流程要求做好信息上报工作。站务员各岗位应按表5-2进行应急处理。

表5-2　车站设备区火灾各岗位应急处置流程

厅巡	1. 火灾不可控时，佩戴防毒面具，关停站厅到站台电扶梯； 2. 开启边门指引乘客疏散
票亭岗	接到执行火灾应急处理程序的通知后，收好钱和票，关闭票亭电源，将闸机和边门打开，疏导乘客出站
站台岗	坚守岗位，听从车站安排，做好疏散乘客准备

三、列车区间发生火灾

当列车区间发生火灾时，现场人员发现险情后立即上报，现场指挥立即牵头做好现场抢险组织及信息上报工作。抢险相关人员到达现场后，应首先向现场指挥报到并服从安排，确认火情，做好个人防护，扑救初期火灾，组织乘客进行疏散。各部门生产调度按照公司信息上报相关要求，做好抢险信息传达、上报工作。抢险人员在抢修过程中时刻保持通信畅通。抢险结束后，由现场指挥安排现场各部门抢险人员清点物资、设备、人员并做好记录。站务员各岗位应按表5-3进行应急处理。

表 5-3 列车区间火灾各岗位应急处置流程

厅巡	1. 维持好站厅客流的秩序； 2. 关停站厅电扶梯； 3. 配合值班站长做好应急抢险工作
票亭岗	1. 开启边门，收好钱箱、关闭票亭； 2. 坚守岗位，听从车站安排，做好支援准备
站台岗	1. 在接应点端门处做好乘客疏散工作； 2. 疏散完毕赶赴站厅； 3. 配合值班站长做好应急抢险工作

车站消防案例

事件概况：

2003年2月18日上午9时55分左右，韩国大邱市第1079号地铁列车刚在市中心的中央路车站停住，第三节车厢里一名56岁的男子从手提包里取出绿色塑料罐点燃，抛到座椅上。整节车厢燃起了大火，并冒出浓烟。3号车厢起火后，火势转眼之间就燃烧到整列六节车厢。

对面的1080次列车也驶进了车站，火势又迅速蔓延到那列列车的六节车厢。两列列车起火燃烧了起来，车站的电力系统立刻自动断电，站内一片漆黑，600多名乘客立即陷入极度恐慌之中。由于电源突然中断，许多地铁车厢门根本打不开，加上地铁车窗的玻璃十分坚固，所以不少乘客被活活困在没有自动灭火装置的车厢里，最终被烧死或因浓烟窒息而死。

事故发生后，大邱市派出3000多人和66辆消防车、数辆救护车进行扑救，但由于地铁车站现场浓烟笼罩和高温，经过3个多小时的战斗，人们才控制住了地铁隧道内的火势，抢救出来140多名乘客，并紧急送到附近各大医院。

抢救中消防队员们抬出来31具尸体，但在灭火后救援人员又在车厢里发现了近百具尸体，有的遇害者烧得只剩下骨架，现场惨不忍睹。

事件分析：

（1）车站行车值班员未及时将下行站台列车着火情况报行调，未采取措施扣停1080次列车；

（2）车站在应急情况下组织混乱，未按照应急处理程序来及时疏散乘客；

（3）1079次司机只顾个人安危弃车逃跑，并拔走了主控钥匙，导致生命通道被关闭，这是造成人员伤亡的主要原因；

（4）地铁公司平时麻痹大意、安全意识不强、安全保卫人员不足以及通信联络不完备等，也是造成此次地铁火灾大批人员伤亡的重要因素。特别是当时车站的中央控制室管理不力，没有及时阻止另一列列车进入已经失火的车站，造成伤亡人员的增加。

第二节　突发事件处置

第一目　客伤处置

（1）在城市轨道交通运营时间内，在列车运输过程中或在站厅、站台、地铁拥有产权的通道、出入口等范围内出现的乘客伤亡事件，简称客伤。员工应严格执行规章制度，加强乘客安全管理，防止乘客人身伤害事件的发生。发生伤亡事故，应立即进行处理，及时恢复正常行车，任何单位和个人不得以任何借口妨碍开通线路和地铁正常运行。凡发生乘客人身伤害事件，地铁员工应立即采取措施进行处理，及时抢救伤员，尽量减少损失，尽力获取证据，迅速恢复运营。由于地铁员工失职造成的乘客人身伤害事件，对事故责任个人或者单位进行严肃处理，构成违法犯罪的要依法追究法律责任。

（2）发生客伤，站务员应第一时间上报车控室，查看现场环境，注意保护自身安全。若发生扶梯客伤，应第一时间按压紧停按钮，并上报车控室。若客伤较严重，如大量出血，严禁搬动乘客。请现场的其他乘客协助救助当事人，并挽留两名目击者做证人，及时拨打120。

（3）为避免客伤频繁发生，车站需对全员（含三保人员）进行电扶梯培训，增强员工的安全意识，在发生紧急情况时，能第一时间采取有效措施，避免客伤事件的发生。车站在人员充足的情况下，在乘客较多的扶梯处安排扶梯岗，做好乘客引导。站台岗加强对站台电扶梯引导及电扶梯运行状态的巡视，发现异常及时报修；增加保安对出、入口电扶梯的巡视频率，每小时不少于一次对出、入口进行全面巡视。厅巡、客运值班员、值班站长需保证每小时对出、入口电扶梯巡视一次。阴雨天时，保洁应及时清扫出入口、通道、电扶梯周边的地面积水，防止因地面湿滑造成乘客滑倒，同时及时摆放"小心地滑"牌，播放雨天提示广播，做好告知工作。运营期间，保洁禁止使用湿拖布拖地，因人为造成的地面污损需清扫时，应及时摆放"小心地滑"牌，并安排人员引导。车站工作人员在发现有重点乘客（老弱病残孕、抱小孩的乘客以及携带大件行李的乘客）乘坐电扶梯时，应及时引导至直升电梯或步梯通行，避免乘客因行动不便而发生电扶梯摔伤事件。

第二目　客运突发事件处置

一、车门、站台门夹人夹物

因乘客抢上抢下等原因，造成车门、站台门夹人夹物，从而影响运营安全、行车秩序。当站台门夹人时，按照"一按、二呼、三显示"的处置程序执行；当站台门夹物时，按照现场作业人员判断是否影响行车的处置程序执行。

异物判断标准：

① 夹人：车门、车门与屏蔽门间夹住乘客身体任何部位（随身衣物除外）；

② 不影响行车的异物：纸张、塑料品（编织袋、饮料瓶、卡片、塑料袋）等软性物品以及体积较小不侵入设备限界的物品物件；

③ 影响行车的异物：钢条、铁棒、铁皮、工器具等影响行车安全的硬性物品以及体积较大侵入设备限界的物品物件。

事故处理确认现场安全后，向司机显示好了信号。

二、站台门故障

因站台门故障影响运营按全、行车秩序。车站要把确保乘客及工作人员人身安全和正常运营作为应急处置的出发点，最大限度地避免乘客伤亡及减少对正线运营的影响；应急处理时，站务员、维修人员必须正确穿戴、使用劳动防护用品、用具；整侧屏蔽门无法开启或关闭时，按照 PSL 盘操作、IBP 盘操作、互锁解除、降级越红灯的先后顺序依次进行尝试和操作，同时，若站台头端 PSL 盘操作无效，无须到尾端尝试，可直接在 IBP 盘上进行操作，以节省处置时间；故障门恢复正常后，站务人员应及时撤除警示标识；车站应安排专人值守故障门至故障修复或运营结束，做好乘客引导及站台安全防护，监控是否有乘客将关闭的故障门手动解锁，除正常上下车外严禁乘客靠近故障门，动车前司机确认间隙安全；抢修过程中，行车值班员在确保行车的前提下，做好抢修人员的安全监护，在前一站电客车发车前，通知维修人员停止抢修；非影响行车类故障，原则上在运营结束后进行维修。

三、大客流组织

因突发情况导致客流在某一时段激增，达到客流控制条件。车站及时启动大客流应急预案，做好客流组织工作，必要时申请临时限流；做好乘客引导，杜绝发生踩踏事件；以人为本，减少影响，要把确保正常运营和乘客安全作为大客流组织工作的出发点，最大限度地减少大客流对运营组织工作的影响；提前准备、精心组织，可预见性大客流，要把组织准备作为应对大客流的中心环节和主要任务，在预判需要清客或大规模晚点时提前采取绕行换乘等措施，降低安全风险；统一指挥、快速反应，在大客流组织过程中应采取统一指挥，分级响应、逐级负责；相关单位、人员应严格服从命令、快速响应，积极投入大客流组织工作。

四、电梯困人处理

因电梯故障、人员违规操作等原因，造成电梯困人时，通常而言，当发生在站厅时，厅巡安抚乘客等候救助，禁止乘客擅自采取行动，并了解梯内情况，报告车控室。发生在站台时，票厅岗值守岗位，做好协助处理的准备，站台岗安抚乘客等候救助，禁止乘客擅自采取行动；了解梯内情况，报告车控室；值班站长到达现场，交值班站长处理，做好站台客运组织及接发车工作。

五、车站正常照明熄灭

因供电设备故障等原因造成车站正常照明全部熄灭时，各岗位按应急处置流程执行。通常而言，厅巡应维持好站厅客流的秩序，以及安抚工作；配合值班站长做好区域安全工作；关停站厅电扶梯。票厅岗需坚守岗位，听从车站安排，做好支援准备。站台岗应维持好站台乘客秩序，做好现场安全把控工作，做好现场乘客解释安抚工作；密切关注现场客流情况，有异常及时报值班站长；关停站台电扶梯。

六、车站疏散处置

因设备故障、综合治理突发事件等原因造成车站疏散时，各岗位按应急处置流程执行。通常而言，厅巡应在站厅进行宣传疏导，引导乘客迅速有序出站；确认站厅疏散完毕后，向行车值班员进行汇报。票亭岗应坚守岗位，做好乘客解释，准备办理退票业务。站台岗应在站台进行宣传疏导，引导乘客至站厅；确认站台疏散完毕，向行车值班员汇报后，至站厅指引乘客疏散。

七、临时封站

因上级要求、单个车站设备故障等原因，造成车站临时封站时，厅巡应在站厅进行宣传疏导，引导乘客迅速有序出站；确认站厅疏散完毕后，向行车值班员进行汇报。票亭岗应坚守岗位，做好乘客解释，准备办理退票业务。站台岗应在站台进行宣传疏导，引导乘客至站厅；确认站台疏散完毕，向行车值班员汇报后，至站厅指引乘客疏散。

八、重大传染病疫情

因车站出现重大传染病疫情引起乘客恐慌需控制隔离疫情病人。当疫情病人在车上需要清客时，务必注意及时向行调申请，扣停后方站列车组织清客，控制隔离疫情病人，并要求同车乘客请勿离开，做好配合检查工作；若疫情病人在车站内，则与公安、保安等阻止其进站乘车，并及时控制隔离疫情病人；疫情抢险相关人员到达现场后，及时进行疫情控制及人员隔离工作；与驻站公安、保安一起控制住疫情病人，等待医务人员的到来；如需封站，宣布车站执行应急疏散，组织人员疏散；疏散完毕后对车站进行全面检查，确保乘客全部疏散出站；需撤离时，至应急出口安全区域集中，并清点工作人员；抢险队伍赶赴现场后，协助开展抢险工作；处置完毕，组织本站运营恢复工作。

第三目　正线行车突发事件处置

一、临时清客

接行调命令临时清客。车站接到清客通知后，值班站长立即赶赴站台；列车到站，与司机核对车次正确后，通知站台人员开始进行清客；视情况报地铁公安请求支援；如遇拒不下车的乘客，将当事人交由地铁公安处理；清客完毕后向行车值班员汇报，并向司机显示"好了"信号，监控站台乘客动态，做好乘客解释工作；清客列车到达车站后，播放广播，必要时启动退票处置程序；清客完毕后报行车调度员；车站其他人员赶赴站台协助清客作业，并协助车站维持秩序。

二、发现可疑物品

车站发现遗留的无人认领箱包、包裹，或不能判断其安全的物品，应对乘客进行安全检查，要求乘客解释物品的种类、性质等，必要时请其打开展示；乘客拒绝解释或打开展示及发现其携带了危险物品进站乘车的，劝其出站，不听从劝阻的，不得放其进站乘车，并立即报公安处理；若接司机通知，发现乘客可能携带危险品时，车站应立即请该乘客下车接受安全检查；车站发现无人认领的不明物品、确认属于可疑物品时，报公安处理，根据公安的要求进行配合处置；疏散周围乘客，对现场进行隔离，组织寻找目击证人；如需封站，宣布车站执行应急疏散，组织人员疏散；乘客疏散完毕后对车站进行全面检查，确保乘客全部疏散出站；工作人员需撤离时，至出入口安全区域集中，并清点人员；救援人员到达现场后，协助开展救援工作；处置完毕，组织本站运营恢复工作。

可疑物品辨别方法：
① 观察有危险标识或通过常识判断有危险的（如危险品标识）；
② 通过听觉，发现有异常响声的（如计时器响声）；
③ 通过嗅觉，发现有异常气味的（如刺鼻味等）。

三、轨行区异物处理

因禽畜动物跑进轨行区、乘客物品掉落轨行区等原因，造成轨行区异物时，可分为物品不影响行车和物品影响行车两种情况。若不影响行车，站务员应立即安抚乘客，报告车控室物品不影响行车，告知乘客将在运营结束后拾回，请第二日到车站领取。若乘客强烈要求的，视情况根据行车调度员命令执行。若预判异物可能对行车安全造成影响时，应立即按压相应区域紧急停车按钮、显示紧急停车信号或采用对讲机呼叫等方式防止列车越过异物。接到轨行区有影响行车的异物信息后，行车值班员及时向行车调度员申请下线路处置异物，值班站长带齐备品、防护用品及协助人员到端墙位置待令，待行车调度员同意车站派人到现场处置异物后，值班站长等人方可进入轨行区处置异物。

四、人员擅入正线轨行区

因翻越出入段线进入轨行区、施工人员运营期间违规进入轨行区等原因，造成人员擅自进入正线轨行区时，车站人员应立即上报，并按压相应区域紧急停车按钮、显示紧急停车信号或采用对讲机呼叫等方式防止列车撞人；车控室通知公安现场取证，按行车调度员指令到现场配合处理和现场取证；若有人员受伤，及时组织救治；同时，加强站台安全巡视，发现异常及时上报。

五、区间疏散

因区间列车故障、接触网失电等原因，造成区间疏散时，站务员根据值班站长安排执行，一般而言，接区间疏散乘客的通知后，立即至车控室穿戴好荧光衣、携带照明灯具，与值班站长至区间列车疏散乘客；到达区间列车后，带领乘客向本站方向疏散；将全部乘客疏散出站后，关闭各出入口。票亭岗应做好乘客退票、解释工作；如需进行公交接驳时，按照岗位职责参与公交接驳服务工作。如需疏散封站时，站台岗应疏散站台乘客至站厅；站台疏散完毕报车控室后，至站厅协助疏散；值守岗位，做好运营恢复工作。

六、公交接驳

因设备故障，导致中断行车，需将车站乘客通过公交车运送至目的地。车站接组织公交接驳的通知后，宣布车站执行公交接驳，组织人员疏散；安排人员关闭TVM，播放相应广播，组织乘客有序疏散；安排人员携带接驳牌，引导乘客到接驳点候车安排人员；车站人员前往接驳点等候接驳车；疏散完毕后对车站进行全面检查，确保乘客全部疏散出站；接驳车到后，与司机沟通行驶路线，将接驳车数量、行驶方向和第一趟车到达时间报行车值班员；需撤离时，至应急出口安全区域集中，并清点工作人员；处置完毕，组织本站运营恢复工作。

七、遭遇恐怖袭击恐吓

因车站接到乘客威胁、恐吓，或接到公安、调度电话通知时。车站接通知后，值班站长第一时间到达现场确认，将现场情况通报行车值班员；行车值班员负责客流组织、设备操作、命令传达及信息上报；车站如不具备安全乘降条件，申请越站，播放相应广播；其他人员协助值班站长调查事件原因，寻找目击证人配合调查；车站与地铁公安加强信息沟通，公安到场后将现场交由地铁公安处理；根据公安要求如需临时封站，经行车调度员同意后，播放广播组织乘客有序疏散，启动退票处置程序；其他岗位听从车站安排，做好支援准备，开启边门配合救援人员进出；乘客疏散完毕后对车站进行全面检查，确保乘客全部疏散出站；工作人员需撤离时，至出入口安全区域集中，并清点工作人员；救援人员到达现场后，协助开展救援工作；处置完毕，组织本站运营恢复工作。

八、正线撞人

因人员进入轨行区，导致列车撞人，造成人员伤亡。车站接通知后，值班站长穿好荧光衣，携带相关备品，到达现场确认，将当事人年龄、受伤状况等信息通报行车值班员；了解伤员状况后对伤员进行简单救治，情况允许时将伤者带离轨行区，若情况不允许则等待医疗救护人员到场；车站挽留至少两名目击证人；车站要把控好端门，待地铁公安及救援人员到达现场后，指引地铁公安及救援人员前往事发地点，协助开展救援工作；维持好站台乘客秩序，疏散围观人群，并使用屏风隔离现场；处置完毕，确认人员、物品出清后，通知司机和行车值班员、行车调度员；值守岗位，做好运营恢复的工作。

九、劫持人质

因不法分子采用暴力等手段挟持人员进行威逼、勒索。如列车上发生劫持人质事件，应让事发列车进站并停站处置；劫持人质事件发生在站厅时，列车应不停站通过事发车站；劫持人质事件发生在车站站台时，列车出清本站（或没有列车到达时），车站立即按压上、下行紧急停车按钮（站厅、站台同层车站视同站台情况处置）；劫持人质事件发生在车站出入口时，车站暂停该出入口服务；如需封站，宣布车站执行应急疏散，组织人员疏散；疏散完毕后对车站进行全面检查，确保乘客全部疏散出站；需撤离时，至应急出口安全区域集中，并清点工作人员；救援人员到达现场后，协助开展救援工作；处置完毕，组织本站运营恢复工作。

城市轨道交通作为城市的名片，极易成为不法分子制造重大事件的场所，因此掌握恐怖系统类突发事件应急处置，将影响降至最低，成为车站人员的重要工作内容。

第三节 自然灾害类现场应急处置

第一目 防汛安全

一、防汛工作

防汛工作是各城市轨道交通企业关注的安全工作重点之一，因此需要制定相应的防汛预案，设定不同的等级及响应机制。车站防汛突发事件是指车站出入口、站台、站厅、设备区等区域由于自然灾害、爆管、渗漏水及外部河流倒灌等原因造成的突发事件。以成都地铁为例，每年5至9月为汛期，防汛预警由高到低分为红色、橙色、黄色、蓝色四级，分别对应"紧急""临战""高度戒备"和"戒备"4种状态。

二、防汛预警响应

1. 蓝色预警响应

（1）保持通信畅通。

（2）现场人员加强防汛重点部位巡查，发现防汛隐患、险情，立即上报线网指挥中心并做好现场处置。

2. 黄色预警响应

（1）正线、场段防汛专业抢险队伍做好应急抢险准备，接到抢险命令后能够迅速集结、响应。

（2）运营期间，正线应急值守点人员加强巡视。

3. 橙色预警响应

（1）关键岗位防汛应急值班人员到岗值班，或视情况赶赴现场值班。

（2）区域应急抢险队伍做好应急抢险准备，接到抢险命令后能够快速赶赴现场。

（3）车站巡视间隔不大于60 min。

4. 红色预警响应

（1）应急指挥部开始运转，应急指挥部办公室监督各部门、各应急抢险队伍做好应急响应准备。

（2）公司值班领导在岗待命，或视情况赶赴现场。

（3）各部门防汛应急值班人员在岗待命，或视情况赶赴现场值守。

（4）各关键岗位到岗待命，或视情况赶赴现场。

（5）正线、场段防汛专业抢险队伍及物资全部到位待命，确保接到应急处置命令后可在5 min内出发。

（6）车站巡视间隔不大于30 min。

三、防汛注意事项

作为站务员在发生车站进水事件时，厅巡应维持好站厅客流的秩序；配合值班站长做好应急抢险工作。票亭岗需坚守岗位，听从车站安排，做好支援准备。站台岗维持好站台乘客秩序；站台漏水时，配合值班站长做好应急抢险工作。

四、汛情下行车组织

汛情下行车组织：积水漫至道床但未超过轨腰时，列车不限速通过；

轨行区积水超过轨腰时，列车限速 45 km/h 通过；

轨行区积水超过轨面 5 cm 时，列车限速 15 km/h 通过；

轨行区积水超过轨面 10 cm 时，确认安全情况下，列车限速 5 km/h 通过；

轨行区积水超过轨面 15 cm 时，原则上禁止列车通过。

第二目　地震及恶劣天气

当发生地震及恶劣天气时，站务员各岗位需做好以下应急处置。

一、地震

厅巡岗组织站厅乘客疏散，查看出、入口附近区域人员、设备、设施受影响情况；地震结束后，检查出、入口设备设施。票亭岗收好钱箱、关闭票亭，做好乘客疏散安抚，避免恐慌；地震结束后，检查站厅 AFC、扶梯、站台门等设备设施。站台岗组织站台乘客向站厅疏散，关闭电扶梯，避免客伤，查看站台人员、设备、设施受影响情况。

二、大风天气

当发生大风天气，对地铁运行，尤其是高架车站运行造成影响时，厅巡岗应对出、入口进行检查、巡视，做好乘客的疏散、安抚和组织避险等工作；设备设施出现被强风破坏等险情时，及时封锁现场，并根据情况关闭受影响的出、入口。售票员应值守岗位，做好协助处理的准备；当接到临时封站的通知时，收好钱箱、关闭票亭，做好乘客引导。站台岗在地面及高架线路站台时应加强对屏蔽门、接触网等相关设备设施的巡视；地面及高架线路风力达 7 级时，会同值班站长组织乘客远离站台，到安全地带避风；地面及高架线路风力达 8、9 级时，做好清客、临时封站工作。

三、地上车站大雾天气

当发生大雾天气，可能导致列车延误、冒进信号、运营中断（挤岔、列车冲突）等，对行车安全造成严重影响。厅巡岗应该对出入口进行检查、巡视，做好乘客安抚。票亭岗应该听从车站安排，做好支援准备。站台岗应该加强站台安全巡视，重点关注乘客有无倚靠安全门、探头侵限等对行车及人身安全造成影响的事件发生；当能见度低于 100 m 时，穿荧光衣，使用信号灯向司机提供引导信号，通过 400 M 加强与司机联络。客值应当至站厅维持现场秩序，协助值班站长做好乘客安抚、引导。行值在接到大雾预警信号后，报中心站管理人员，通知各岗位做好大雾天气下的准备工作。值站应该做好应急指挥工作，组织员工做好乘客乘降安全的监控和提醒，必要时增加站台作业人员，并根据行调要求，做好后续处置工作。

四、暴雨、雷电天气

当发生暴雨、雷电天气时，可能造成出入口（车站）关闭、列车延误、行车中断、设备损坏、人员伤亡等，对客服质量及行车安全造成较大影响。厅巡岗、客值应该维持现场秩序，做好乘客引导、解释。票亭岗应该开启边门配合抢险人员进出，维持现场秩序，做好乘客引导、解释。站台岗应该维持现场秩序，做好乘客引导、解释。行值接行调发布暴雨、雷电预警信息时，应该立即通知各岗位，报中心站管理人员，加强供电、信号等设备运作状态监控，发现异常及时汇报。值站接通知后，根据行调命令做好前期处置工作；组织员工维持现场秩序，做好乘客引导、解释；抢险队伍赶赴现场后，协助开展抢险工作。

车站防汛应急案例

事件详情：

2016 年 6 月 26 日晚，某地铁 1 号线 A 站至 B 站区间消防水管承插管接头脱落，导致区间消防水管爆管，区间轨道被淹，启动 I 级防汛应急抢险。该事件造成 1 号线列车晚点 1 列，最大晚点 5 分 25 秒。

事情经过如下：

18:54 综合监控显示 A 站到 B 站区间泵房水位超高报警，现场确认无积水，19:10 A 站上行进站前 500 m 处轨行区积水到轨腰，公司启动Ⅲ级防汛应急抢险，19:21 A 站上行进站前 500 m 处轨行区积水到轨面，公司启动 I 级防汛应急抢险，23:06 经专业人员处理，积水降至轨面以下，公司结束 I 级防汛应急抢险，次日 00:39 经专业人员处理，A 站上行进站前积水消除，各专业检查设备运行正常。

事件分析：

（1）A 站至 B 站区间消防水管承插管接头脱落爆管是造成此次抢险的直接原因。

（2）区间泵房一台水泵由于过热报警无法启动，导致前期排水不畅，两处区间消防电动蝶阀无法电动关闭，导致爆管的水管阀门关闭时间较长，这是导致此次事件的主要原因。

（3）在应急处置过程当中由于信息掌握不到位，员工业务技能不高，生产指挥流程组织不清晰，规章制度没有有效落实，资料信息共享不够等原因，导致处置程序衔接不紧凑，致使处置时间较长。

复习思考题

1. 消防重点部位有哪些?
2. 哪些作业属于动火作业?
3. 哪些是二类动火区?
4. 消防安全"一懂三会"的内容是什么?
5. 微型消防站"三知、四会、一联通"建设的要求是什么?
6. 有哪些轨行区异物属于影响行车的异物?
7. 人员擅入正线轨行区车站处理的程序是什么?
8. 接行调通知临时清客车站处置的流程是什么?
9. 防汛预警由高到低分为哪些?
10. 汛情下的行车组织要求是什么?

第四部分 新技术应用

第六章 企业微信站务数字化巡视介绍

现代社会逐步进入"互联网+"时代,"互联网+"被认为是智慧城市的基本特征,有利于形成创新涌现的智慧城市生态,是未来轨道交通运营模式创新的新引擎。

基于企业微信平台开发的站务数字化巡视功能满足了新时期对新技术的需求,同时也能提高站务巡视工作的效率性和便捷性,它摆脱了传统的纸张及PC终端的记录方式,利用手持终端、二维码、运营生产管理系统云平台实现巡检数据的在线监测与实时把控。

传统的站务巡视方式,往往是在巡视后,将各个设备的巡视信息记录在纸质单里供查询,如果发现设备问题,除了在纸上记录故障问题外,还需要向主管领导汇报,接到主管指示后再处理故障。

传统站务巡视方式是站务人员手工异步操作的,巡视的点位和设备较多,往往容易有遗漏的地方,另外相关纸质记录容易破损,而且查询历史记录的时候要花费大量时间。而站务数字化巡视功能基于企业微信平台开发,可以将每个站每个具体设备生成一个唯一属性的二维码,在站务巡视的时候站务人员只要利用手机企业微信应用扫描二维码,便会通过手持终端将设备巡检信息发送到运营生产管理系统云平台。基于运营生产管理系统云平台可以实时查看全线各站设备的巡检情况,同时系统支持在后台设置限时查询、运营前巡视、查询轮次设定等业务设置操作。以目前成都地铁数字化巡视管理界面为例,如图6-1所示。

数字化巡视系统的主要功能如下:

(1)实现巡视工作的无纸化、信息化。将车站日常巡视工作落实到具体时间,对站务人员巡视工作起到监督提醒作用。

(2)实现巡视的有据可查、有理可依,达到定时、定点巡视的要求,以电子形式存档,查阅方便,数据翔实。

(3)数字化巡视扫码记录实时上传,保证数据真实有效,无法做伪。

在实际工作中,对站务员而言,企业微信站务数字化巡视应用在日常运营管理中提高了巡检的灵活性。传统的站务巡视,巡视人员需要查看各个点位并手写登记巡视信息,使得巡视的效率较低;巡视管理工具突破了传统的局限,根据不同的站点地形特点、设备摆放位置等业务场景,制定不同的巡视内容,方便随时随地通过云平台进行查询,更高效地为信息化的运营生产提供行之有效的帮助。

综上所述,数字化巡视是站务管理工作迈向现代化、信息化的一个缩影,也减轻了站务人员的负担，一定程度上提高了工作效率。而其代表信息化的管理手段还需要持续提升，发挥更大的潜力。

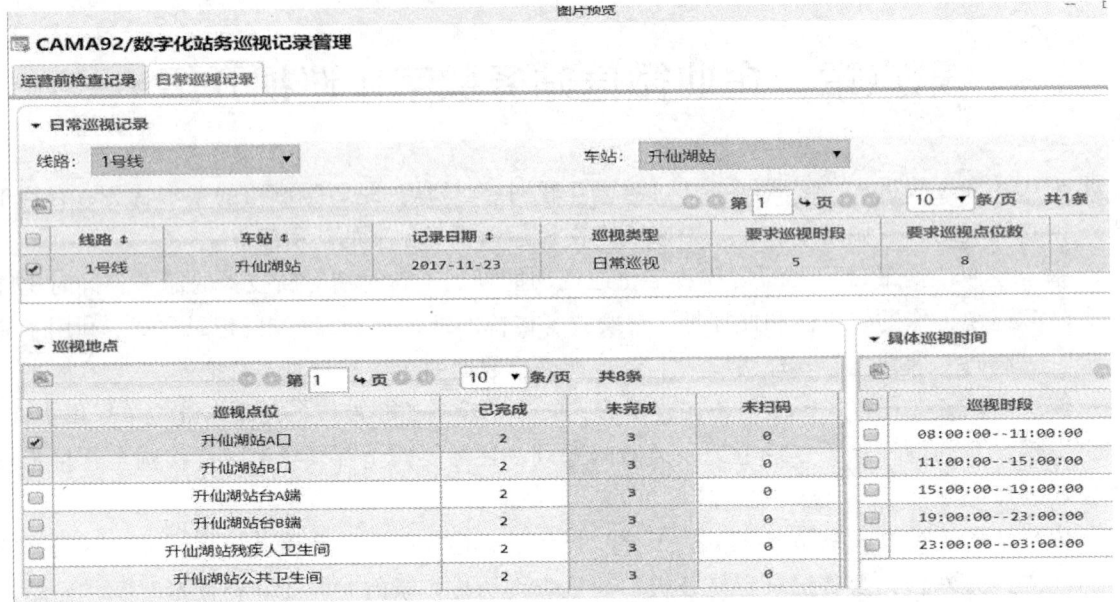

图 6-1　成都地铁数字化巡视管理界面

复习思考题答案

第一章 城市轨道交通车站及线路

1. 答：城市轨道交通车站一般由风亭、冷却塔、地面出入口、通道、站厅、站台以及运营管理用房、设备用房等组成。

2. 答：

站台类型	优点	缺点
岛式站台	站台面积利用率高、能灵活调剂客流、乘客中途改变乘车方向方便、车站管理集中、站台空间宽阔，常用于客流量较大的车站	在明挖式施工时，车站两端线路可能产生喇叭口，运行状态差（进出站曲线）；当区间隧道双线集中布置时，横向扩展余地差；双向乘客上下车对流干扰大
侧式站台	站台上下行乘客可避免相互干扰，正线和站线间不设喇叭口，造价低，改建容易	站台面积利用率低，不可调剂客流，中途改变乘车方向经地道或天桥，车站管理分散，站台空间不及岛式宽阔，多用于两个方向客流量较均匀（或流量不大）的地下车站及高架车站
岛侧混合式站台	行车组织上增加了灵活度，通过不同站台同步接发列车，缩短列车行车间隔，提高了列车运行效率。乘客可以在不同的站台上车、下车，方便车站的客流组织	—

3. 答：站台长度由列车长度决定，列车长度则是组成该次列车的所有车辆长度之和。地下站台的长度一旦建成，基本无延长改建的可能，因此，在预测确定远期客流量后，需充分考虑足够的列车编组辆数，来保证较大的运输能力。

4. 答：设备区主要设有设备用房和管理用房，其中设备用房包括通信工作室、信号工作室、继电器室，以及环控、照明、低压配电等系统相关设备房；管理用房包括车站控制室、设备系统值班室、票务室、站长室、会议室、更衣室、休息室、备品库、卫生间、垃圾间、清扫工具间等。

5. 答：车站控制室是车站行车的指挥和控制中心，设置有各类行车设备系统的操作终端，以及重要设备的车站级综合后备盘（简称IBP盘），需24 h有人值班，负责接收来自控制中心的行车指令，同时也负责把车站信息上传到控制中心，实现统一指挥。在控制中心出现故障的情况下，经授权车站控制室实施行车指挥。

6. 答：车站地面出入口设计的原则如下。

（1）车站出入口的设计以最大限度地吸引客流和方便客流集散为目的，一般选在城市道路两侧岔路口（兼顾过街通道）及有大量人流的广场附近，也可设在火车站、公共汽车站、电车站附近，便于乘客换车；还可考虑与地面建筑物结合，设在地面建筑物（如商场、办公楼）内。

（2）车站出入口与城市人流路线有密切的关系，应合理组织出入口的人流路线，尽量避免相互交叉和干扰。

（3）地下车站的出入口通道还可以兼作人行过街设施。

7. 答：车站通道可以由步行道、楼梯、自动扶梯等构成。通道的设计原则如下。

（1）车站出入口与站厅相连的通道长度不宜超过100 m，超过时应采取能满足消防疏散要求的措施。通道宽度应满足远期客流集疏的需求。

（2）地下出入口通道力求短、直，通道的弯折不宜超过三处，弯折角度不宜大于90°。

（3）在通道内需设置必要的照明和通风设施，在通道内设置广告时应注意内容简洁明快，以画面为主，避免过多的文字内容，以免乘客长时间驻足观看，影响人流通行效率。

（4）设置排水沟，以便处理雨水和墙体渗水等。

（5）通道内宜安装一定数量的摄像头，便于工作人员掌握客流通行情况；通道内并设有一定数量和类别的导向标志，以引导乘客出行。

8. 答：按运营功能分：中间站、折返站、换乘站和终点站；按车站与地面相对位置分：地下车站、半地面车站、地面车站和高架车站。

9. 答：城市轨道交通线路按其在运营中的作用，应分为正线、辅助线和车辆段线。辅助线按其性质又可以分为折返线、渡线、联络线、存车线、出入段/场线，车辆段线又可以分为停车线、检修线、试车线、洗车线、牵出线等。

10. 答：为了确保机车车辆在线路上运行的安全，防止机车车辆撞击邻近线路的建筑物和设备，而对机车车辆和接近线路的建筑物、设备所规定的不允许超越的轮廓尺寸线，称为限界。限界分为车辆限界、设备限界和建筑限界。

第二章　车站设备认知

1. 答：车站设备包括设置于车站内的信号系统、通信系统、主控系统、给排水系统、屏蔽门系统、供电系统、环控系统、电梯系统、消防系统、自动售检票系统、门禁系统、防淹门系统、环境与设备监控系统等设备组成。

2. 答：轨道由钢轨、轨枕、连接零件、道床等组成。道岔由基本轨、尖轨、导曲线轨、辙叉及护轨、翼轨、转辙机、连接部分组成。

3. 答：

行车组织方法	闭塞分区	行车凭证
移动闭塞法	没有固定的闭塞分区，列车运行闭塞分区的终端（移动授权）由前一列车在线路上的运行位置、运行状态等因素确定，随前列车位置变化而实时地发生改变，信号系统通过轨旁设备向后续列车发送移动授权信息，该移动授权点在运行线路上是连续的、实时变化的	车载信号
固定闭塞法	从一架信号机（始端）到另一架同向信号机（终端）之间的区域即为一个闭塞分区，正常情况下只允许一列车在此闭塞分区内运行	地面信号
电话闭塞法	相邻两站运行方向头端站界标之间即为一个电话闭塞区段，一个闭塞区段内只允许有一列车运行	路票

4. 答：站台门是屏蔽门和安全门的统称。站台门安装于地下车站，全封闭，具有密封性能的轨道交通站台门系统，通常被称作屏蔽门。站台门设置在站台边缘，由滑动门、固定门、应急门、端门组成。

5. 答：通常紧急停车按钮设置在车站站台，每侧站台各两个紧停按钮，主要用于轨行区有异物影响行车安全，站台发生紧急情况危及人身安全或屏蔽门与车门之间夹人、夹物等情况，车站工作人员可以紧急按压让列车停止运行。

6. 答：自动售检票系统（AFC）的主要功能：实现轨道交通车票的自动（半自动）售票、自动检票、计费、收费、统计、结算清分的自动化管理。自动售检票系统主要由中心 AFC 系统、车站 AFC 系统、终端 AFC 设备和车票四部分组成。

7. 答：车票可分为普通单程票、预制单程票、出站票、纪念票、地铁专用卡、测试票、第三方公司发行的车票。

8. 答：票务钥匙指票务工作中使用的钥匙，主要是指车站 AFC 设备钥匙、票务备品钥匙、车站"票务中心"（"客服中心"）房门钥匙、车站票务管理室房门钥匙及保险柜钥匙。票务备品包括钱箱（含 TVM 的纸币钱箱和硬币钱箱、补币箱）、定制票盒、票箱（含 TVM、AGM 和 BOM 的储票箱、废票箱）、车票回收箱、便携式验票机、点钞机、验钞机、点币机、点票机、售票盒、币托、票袋、票柜、保险柜、票务手推车等用于车站票务运作（周转、存放、清点、运输、储票箱加取票操作）的工器具。

9. 答：导向标识系统中各类标识按其发挥的作用可分为确认标识、导向标识、综合信息标识、禁止标识、安全警告标识、消防安全标识等。

10. 答：车站一级负荷包括综合监控、通信系统、信号系统、火灾报警系统、BAS 系统、自动售检票系统、门禁系统、屏蔽门（站台门）、防淹门、自动扶梯（火灾时仍需运行的）、消防电梯、气体灭火、消防泵、废水泵、雨水泵（无盖出入口）、所用电、地下站厅站台公共区照明、应急照明、与消防疏散有关的导向灯箱、事故风机及其风阀、排烟风机及其风阀、安检设备以及其他与防灾有关的负荷等。

第三章　车站运作基础

1. 答：车站的管理权限如下。

（1）对车站的保洁、安检、保安、商业人员、施工人员等站内工作人员进行属地管理。

（2）对进入车站的乘客按《城市轨道交通运营管理办法》和《成都市城市轨道交通运营管理办法》进行管理。

（3）车站运作标准需遵循《城市轨道交通运营管理规范》。

（4）车站巡视地域范围：车站内部、出入口。

（5）中心站站长/副站长、站长助理、当班值班站长在紧急情况下，可调动车站保洁、安检、保安等在车站范围内的工作人员，参与车站紧急情况下的应急处理。

2. 答：站厅巡视岗突发情况的处理要求如下。

（1）发现乘客携带超大、超长、超重的物品时禁止其进站乘车，并对乘客耐心解释。

（2）留意是否有精神异常、酗酒的乘客，禁止其进站乘车，及时汇报车控室，必要时请求警务人员或其他同事协助并注意自我保护。

（3）在出入口、站厅范围发生的治安、安全事件，要及时赶到，保护现场，寻找两名及以上目击证人。

（4）发现有故意损坏或偷窃站厅设备设施行为时及时制止，留下肇事人，及时报车控室。

（5）对发生在的站厅的客伤事件要及时报车控室，协助进行处理并寻找两名及以上目击证人。

（6）出现安全紧急情况时，按照相应《站务应急处置程序》执行。

3. 答：站台岗巡视内容包括消防设备设施的状态，确认消火栓、灭火器箱上的封条是否完好，对于破封的要检查里面的设备是否齐全；检查屏蔽门的状态，包括屏蔽门上的顶箱前盖板是否锁闭，屏蔽门和端墙门是否正常关闭等；上、下行尾端的缝隙灯状态是否良好；扶梯运行是否正常，包括扶梯有无异响，梯级上有无异物（有异物时及时清理）等；站台其他设备设施的状态，如扶梯处栏杆、站台候车椅、灯管等的状态是否良好；检查站台备品间内的所有设备设施的状态是否良好，有无缺少。

4. 答：扶梯岗职责如下。

（1）引导搭乘扶梯的乘客"站稳扶好，注意安全"。

（2）对不便乘坐扶梯的乘客提醒其走楼梯或观光梯，防止乘客携带大件物品搭乘扶梯。

（3）密切关注扶梯运行情况，当乘客较多，可能出现堵塞等紧急情况时，及时采取措施

（如紧急停梯），并上报车控室。

（4）当出现扶梯客伤时，及时按停扶梯，按客伤程序处理。

5. 答：危险源类型分为物的不安全状态、人的不安全行为、不良环境。

6. 答："6S"是指整理、整顿、清洁、清扫、素养、安全。车站6S管理区域包括车控室、站长室、会议室、站务室、更衣室、票务管理室、客服中心、备品库、设有班组宣传设施的通道、其他站务备用间。

7. 答：信息汇报内容如下。

（1）事故发生单位概况。

（2）事故发生的时间、地点以及现场情况。

（3）事故发生的简要经过。

（4）事故已经造成或者可能造成的伤亡人数（包括下落不明的人数），预计对正常运营或生产的影响，以及初步估计的直接经济损失。

（5）已经采取的措施。

（6）救援要求等。

（7）其他应当报告的情况。

8. 答：各岗位巡视作业范围如下。

（1）中心站管理人员：车站的所有管理范围内，车站应巡视的地方。

（2）值班站长：设备区通道、管理用房、站厅、站台、出入口、客服中心。

（3）客运值班员：客服中心、站厅（无站厅巡视岗的车站客运值班员还需巡视出入口）。

（4）厅巡岗：站厅、出入口。

（5）站台岗：站台。

9. 答：巡视的基本要求如下。

（1）认真：巡视人员必须以认真负责的态度去巡视每个角落和所管辖的范围。

（2）细致：从细微处着手，做到防微杜渐，从看、摸、嗅、听四觉入手。

（3）周全：岗位内的设备、设施、告示牌乃至螺丝都应检查，站台岗应做到三步一回头。

（4）及时：巡视及时，记录汇报及时，处理及时。

10. 答：中心站长代表运营公司履行属地管理职责，全面负责车站范围内日常和非正常情况下的管理工作，对安检、保安、商铺经营人员、保洁人员（类别不全，还有各中心部门及委外单位人员）进行监督检查，发现问题提出整改要求并督促其整改。

第四章 站务员岗位技能

1. 答：站台岗是车站站台安全管理的主要负责人，在运营过程中除了监控列车上下客作业外，还应维持正常的候车秩序，监控其他行车设备的运行，突发情况下进行处理及组织乘客疏散。

（1）按照接发列车"四部曲"进行标准化接发车作业。

（2）维持站台候车秩序，提醒乘客排队候车，先下后上。

（3）按照车站运作规定巡视站台区域。

（4）处理屏蔽门故障、夹人夹物、火灾情况组织乘客疏散等突发事件。

2. 答：引导员在列车推进运行时，在列车前端负责瞭望，与司机随时保持联系。

（1）引导员使用方形钥匙开启司机室通往客室的门，在头端司机室负责瞭望，与司机随时保持联系，引导并监控列车运行。

（2）引导过程中，发现任何危及行车安全的因素，立即按压紧急停车按钮并通知司机及行调。

3. 答：监控员的岗位职责如下。

协助司机瞭望、监控速度表，提醒司机按规定速度运行，必要时立即按压紧急停车按钮。

协助司机（"互锁解除"）及开关站台门。

4. 答：电话闭塞中使用的电话记录号码自每日 0 时起至 24 时止，按日循环编号电话记录号码，上行方向为偶数，序列号从 002 开始编号，下行方向为奇数，序列号从 001 开始编号。同意或取消闭塞时，每给出一个上行或下行方向的号码按增加 2 进行顺编，不得重号使用。

5. 答：（1）站台岗发现车门、屏蔽门间滞留乘客时，站台岗应严格执行"一按、二呼、三显示"应急处置程序，并通知值班站长。

（2）值班站长接报车门、屏蔽门间滞留乘客后，立即赶往事发屏蔽门处担任事故处理现场负责人，根据乘客滞留位置判断、确认处理方案并报告行调。

（3）遇乘客滞留位置在滑动门或应急门处，取得行调同意后，值班站长指挥站台岗用屏蔽门专用钥匙手动开启相应滑动门或应急门，乘客回到站台，确认屏蔽门、紧停恢复后，向司机显示"好了"信号。

（4）遇乘客滞留位置在列车与固定门之间，且对应车门有解锁手柄时，取得行调同意后，值班站长通知司机携带备品到相应车门，手动解锁车门，将乘客救出后移交车站处理。

（5）遇乘客滞留位置在列车与固定门之间，且对应车门无解锁手柄时，取得行调同意后，值班站长在确保人身安全前提下组织车站人员击碎固定门，乘客回到站台，做好防护，确认屏蔽门、紧停恢复后，向司机显示"好了"信号。

（6）车站做好乘客安抚工作，按客伤处置程序进行处理。

（7）司机再次确认车门、屏蔽门、缝隙灯正常后凭站台"好了"信号动车。

（8）若车门、屏蔽门滞留乘客已坠入轨行区的，按"人或物侵入行车限界事件"应急处置程序处理。

6. 答：电话闭塞法启用条件如下。

（1）遇 OCC 中央工作站及车站工作站上均无法对一个或多个联锁区内运行车辆进行监控

时，应停止使用基本闭塞法，改用电话闭塞法行车。

（2）遇折返站采用站前折返方式且折返进路上的道岔故障需人工扳动时，应采用电话闭塞法组织折返。

（3）车辆段（停车场）与正线联锁失效或信号接口故障时，应停止使用基本闭塞法，改用电话闭塞法行车。

7. 答：取消闭塞的程序如下。

（1）当发车站需取消闭塞时，值班员立即通知司机及发车人员，由发车人员收回路票并划"×"作废。

（2）当接车站需取消闭塞时，接车站值班员应首先通知发车站值班员；发车站值班员立即通知司机及发车人员，由发车人员收回路票并划"×"作废。

（3）提出取消闭塞值班员给出的电话记录号。

8. 答：徒手手信号类别及显示方式如下。

（1）紧急停车信号（含停车信号）：两手臂高举头上，向两侧急剧摇动。

（2）好了信号：单臂向列车运行方向上弧圈做圆形转动。

9. 答：车站现金交接原则如下。

（1）纸币：在监控范围内，双方当面清点金额后签认交接。用扎钞纸、信封加封的纸币，如加封及印章、签字完整，可凭加封金额交接。

（2）硬币：在监控范围内，对已加封的硬币交接时，确认加封正确完好后可凭加封金额签认交接；对零散硬币按实点数签认交接。

（3）车站进行现金交接时，需做好交接记录。

10. 答：AFC运营模式分为正常运行模式、降级运行模式和紧急放行模式。

11. 答：乘客事务按乘客事务的性质，可将其分为投诉、建议、咨询和表扬等类别。处理原则遵循公平公正原则、首问责任制原则、顾全大局原则、现场处理原则、及时原则、满意原则。

12. 答：AFC重大故障定义如下。

（1）单个及以上车站TVM设备全部故障（代理充值功能不可用除外）；

（2）单个及以上车站AGM设备全部故障；

（3）两个及以上车站BOM设备全部故障。

13. 答：线网级客流控制启动时机如下。

（1）某条线路经采取线控措施后，申请启动线控的换乘站客流仍然无法缓解，所在站值班站长及时组织行车值班员向行调申请启动网控。

（2）当线路因故障出现运营中断、运力水平严重下降，本线路不具备邻线换入客流条件时。

（3）其他值班主任认为应启动网控的情况。

第五章　站务员综合应急处理

1. 答：公司所有消防控制室、车站车控室、OCC 调度大厅、特殊生产物资暂存库及其他重要的设备房等均为消防重点部位。

2. 答：因工作、施工需要使用熔化焊接、热切割、压力焊、钎焊等特种作业，使用明火的作业，以及在易燃易爆场所进行的易产生火花的作业。

3. 答：二类动火区为消防重点部位的区域，包括 OCC 控制大厅、变电所（站）、食堂、电客车、工程车、轨行区、车站站台层、设备区、车辆段车间等。

4. 答：消防安全"一懂三会"的内容如下。

（1）一懂：懂得本场所用火、用电、用油、用气火灾危险性。

（2）三会：会报警，发现火灾后会迅速拨打 119 电话报警；会灭火，发生火灾后会使用灭火器、消火栓等扑救初期火灾；会逃生，懂得逃生技巧，发生火灾后迅速逃离现场。

5. 答：微型消防站"三知、四会、一联通"建设要求如下。

（1）三知：知道消防设施和器材位置、知道疏散通道和出口、知道建筑布局和功能。

（2）三会：会组织疏散人员、会扑救初期火灾、会穿戴隔防护装备、会操作消防器材。

（3）一联通：公安消防支队或大中队与微型消防站、微型消防站与队员保持通信联络畅通。

6. 答：影响行车的异物有钢条、铁棒、铁皮、工器具等影响行车安全的硬性物品以及体积较大侵入设备限界的物品物件。

7. 答：因翻越出入段线进入轨行区、施工人员运营期间违规进入轨行区等原因，造成人员擅自进入正线轨行区。车站人员发现有人员在轨行区后立即上报，按压相应区域紧急停车按钮、显示紧急停车信号或采用对讲机呼叫等方式防止列车撞人，车控室通知公安现场取证，按行调指令到现场配合处理和现场取证，若有人员受伤，及时组织救治；加强站台安全巡视，发现异常及时上报。

8. 答：接行调命令临时清客。车站接到清客通知后，值班站长立即赶赴站台；列车到站，与司机核对车次正确后，通知站台人员开始进行清客；视情况报地铁公安请求支援；如遇拒不下车的乘客，将当事人交由地铁公安处理；清客完毕后向行值汇报，并向司机显示"好了"信号，监控站台乘客动态，做好乘客解释工作；清客列车到达车站后，播放广播，必要时启动退票处置程序；清客完毕后报行调；车站其他人员赶赴站台协助清客作业，并协助车站维持秩序。

9. 答：防汛预警由高到低分为红色、橙色、黄色、蓝色四级，分别对应"紧急""临战""高度戒备"以及"戒备"四种状态。

10. 答：汛情下的行车组织要求如下。

（1）积水漫至道床但未超过轨腰时，列车不限速通过；
（2）轨行区积水超过轨腰时，列车限速 45 km/h 通过；
（3）轨行区积水超过轨面 5 cm 时，列车限速 15 km/h 通过；
（4）轨行区积水超过轨面 10 cm 时，确认安全情况下，限速 5 km/h 通过；
（5）轨行区积水超过轨面 15 cm 时，原则上禁止通过。

参考文献

[1] 裴瑞江. 城市轨道交通客运组织[M]. 北京：机械工业出版社，2009.

[2] 朱济龙. 城市轨道交通行车组织[M]. 北京：中国铁道出版社，2011.

[3] 石瑛. 城市轨道交通客运组织[M]. 北京：中央广播电视大学出版社，2011.

[4] 朱小瑶. 城市轨道交通客运管理[M]. 上海：上海科技教育出版社，2012.

[5] 毛保华. 城市轨道交通系统运营管理[M]. 北京：人民交通出版社，2006.

附录　名词解释

中间站：仅供乘客上、下车之用，功能单一，是地铁路网中数量最多的车站。

折返站：设有折返线路和相关行车设备的车站。

换乘站：位于两条及两条以上线路交叉点上的车站。

正线：连接车站并贯穿或直股伸入车站的线路。

折返线：为了供运营列车往返运行时调头转线及夜间存车而设置的线路。

联络线：为了沟通两条独立运营线路而设置的连接线，为两线列车过线服务。

存车线：为了故障列车能尽快退出正线运营或备用车尽快投入运营，每间隔若干个车站应设置存车线，供故障列车临时停放、夜间存车或检修之用。

出入段线：正线与车辆段间的连接线，是车辆段与正线间的联络通道，供列车出入车辆段使用。

安全线：为防止列车或机车车辆从一进路进入另一列车或机车车辆占用的进路而发生冲突的一种安全隔开设备。

车辆段线：车辆段内场区作业、停放列车的线路。

限界：为保证列车在轨道交通线路上运行安全，防止车辆与沿线建筑物（设备）发生互相碰撞而规定的轮廓尺寸线。

车辆限界：车辆在正常运行状态下形成的最大动态包络线。客车、机车车辆无论空、重状态，均不得超出车辆限界。

设备限界：是用以限制设备安装的控制线，一切设备不得侵入设备限界。

建筑限界：在设备限界的基础上，考虑了设备和管线尺寸后的最小有效断面。一切建筑物、设备在任何情况下均不得侵入地铁的建筑限界。

屏蔽门：安装于地下车站、全封闭、具有密封性能的轨道交通站台门系统。

安全门：站台安全门系统安装于地铁、轻轨等车站的站台边缘，不具备密封性能的轨道交通站台安全门，将轨道与站台候车区隔离，设有与列车门相对应，可多级控制开启与关闭滑动门的连续屏障。

自动扶梯：一种带有循环运行梯级，用于向上或向下倾斜输送乘客的固定式电力驱动设备，具有连续工作、运输量大的特点。

自动售检票系统（AFC）：交通管理部门（如城市轨道交通）用于自动售票、自动检票、自动统计、自动结算的一系列设备所构成的系统。

列车运行图：用以表示列车在地铁区间运行及在车站到发或通过时刻的技术文件，它规定各车次列车占用区间的程序，列车在每个车站的到达和出发（或通过）时刻，列车在区间的运行时间，列车在车站的停站时间以及机车交路，是全路组织列车运行的基础。

OCC：即运营控制中心，是对地铁运营实施集中监控和管理的场所，是地铁日常运营、设备维护、行车组织、信息收发的中心。

列车：正线上运行的客车、工程车、救援列车统称为列车。

道岔：是列车从一股轨道转入或越过另一股时的线路设备。

线路：分为站线和区间两个部分，其中车站两端站界标之间的线路为站线，相邻两车站邻近站界标之间的线路为区间。

ZC：区域控制器，为区域内的列车提供移动授权以及列车临时限速。

CBTC：基于无线通信技术的移动闭塞制式列车自动控制系统。

ATS：列车自动监控。

道岔定（反）位：道岔开通常用的位置为定位（一般情况下保持开通直股位置），道岔开通不常用的位置为反位（一般情况下为开通侧股）。

客伤：在地铁运营时间内，在列车运输过程中或在站厅、站台、地铁拥有产权的通道、出入口等范围内出现的乘客伤亡事件。

扶梯盖板：正常情况下用于人员搭乘，扶梯故障时便于检修人员进行扶梯维修。

雨水倒灌：暴雨时车站周边成为水塘，洪水从地铁出入口风亭倒灌入车站。

扶梯梳齿板：安装在扶梯两端出入口，以方便使用者出入。

气灭系统：气体灭火系统由控制子系统和管网子系统两部分组成。控制子系统具有火灾探测、报警、自动确认火灾及联动相关灭火设备的功能；控制子系统分为气体灭火控制主机、综合监控FAS界面、烟感温感探测器、气体保护房间外气灭控制盘等。地下车站气体灭火系统控制主机设于车站控制室内。

异物：轨行区异物指遗落（遗留）在轨行区内、侵入行车限界内的物品。根据影响范围及程度，异物可分为影响行车的异物和不影响行车的异物。影响行车的异物指遗落（遗留）在轨行区内、侵入行车限界或遮挡信号机，可能对列车及轨行区设备设施造成损伤，对行车安全带来隐患的物品。

清客：因列车故障需退出运营或车内综治事件等原因，需要将全部乘客从列车中疏散。

公交接驳：因地铁运力水平严重降低或运营出现中断时，在地铁站和某些特定短途位置之间安排专用公交车来输送乘客。

防淹门：是为防止因突发事故造成隧道破裂后河水涌进地铁站而造成事故扩大，特在过江段两端的地铁站端部与隧道接口处或区间内设置防淹门系统，以便发生事故时能紧急关闭闸门，封闭过江隧道，保护地铁站人身和设备的安全。

事故：运营公司管辖范围内由于地铁自身原因造成人员伤亡、设备损坏、经济损失、中断行车、火灾或其他危及运营安全的情况，均构成运营事故（事件）。

事件：运营公司管辖范围内由于地铁自身原因造成人员伤亡、设备损坏、经济损失、中断行车、火灾或其他危及运营安全的情况，均构成运营事件（事故）。

先通后复：在不影响运营安全的前提下，先应急处置恢复行车，待运营结束后再组织维修。

四不放过：即原因分析不清不放过，责任人和其他员工没有受到教育不放过，没有制订防范整改措施不放过，责任者没有受到严肃处理不放过。

调度指挥中心：代表地铁运营公司总经理指挥运营工作，代表地铁运营公司与外界协调联络地铁运营支援工作，是地铁日常运营、设备维护、行车组织、信息收发的中心。

客流：指在单位时间里，轨道交通线路上乘客流动人数和流动方向的总和。

客运组织：通过合理布置客运有关设备、设施以及对客流采取有效分流或引导措施来组织客流运送的过程。

客流分析：指对城市轨道交通的动态性质的客流进行全面系统地分析，它因时因地而变化，但这种变化归根结底是对有关地区的社会经济活动、生活方式以及轨道交通系统本身特点的反映。

属地管理：中心站长代表运营公司履行属地管理职责，全面负责车站范围内日常和非正常情况下的管理工作，对安检、保安、商铺经营人员、保洁人员进行监督检查，发现问题提出整改要求并督促其整改。

残疾人牵引机：是一个可折叠的乘坐平台，附在固定的楼梯上，可自由上下，供坐轮椅的残疾人使用。

付费区：指在车站内由进站检票机与出站检票机及护栏所围成的封闭区域，包括运营的列车车厢内的区域。

非付费区：车站范围内，付费区以外的区域。

乘客信息系统：是依托多媒体网络技术，以计算机系统为核心，以显示终端为媒介向乘客提供乘车信息显示和其他资讯服务的信息系统。

伸缩栏杆：由三部分组成，即杆、底盖盘和底配重，杆的顶部装有可伸缩的织带，使用时可以拉出来，挂到另一个栏杆上，并可根据实际排列成一排或围成方形多边形，作为区域的隔离。

铁马：起隔离作用的护栏，其长度、高度均不可更改。

列车交路：指列车在规定运行的城市轨道交通线路上往返运行的方式，即列车担当运行的区段组织方式，是城市轨道交通线路的一个主要技术标准。

SC：是自动售检票（AFC）系统中的一个逻辑层，全称为车站计算机系统层，主要采集终端设备的数据，并对设备进行集中监控。

越站：指乘客所购车票到站到达，但是由于出行计划变更，要求超越原票到站至新到站的乘车。

列车满载率：一般指乘客人数与列车定员之间的比值，反映了乘客在列车内的拥挤程度。

普通单程票：乘客以一定金额购得一次运营乘行服务承诺，只可以进行一次进站和一次出站，且乘行与车费对应或以内车程的车票。

预制单程票：经过编码分拣设备预先赋值的单程票，适用于车站出现大客流或其他特殊情况时，车站根据实际情况在车站客服中心或者临时票亭出售的有一定有效期的车票。

出站票：乘客在付费区内因特殊原因无法出站时使用的车票，在车站客服中心由售票员按票务处理规定发售。

纪念票：公司在特定时期内发行的具有纪念意义、可供收藏的车票。

地铁专用卡：是为直接从事城市轨道交通监督管理、运营、服务及维护等工作的人员配发的可进出付费区、乘车或进出带门禁的区域和设备及管理用房的有效凭证。

有效投诉：运营单位接到并确认属实的乘客投诉。

有责乘客投诉：在地铁运营服务中，由于员工服务、设施设备、环境卫生、治安、票务事务等方面的不足或其他原因引起乘客投诉，造成一定程度负面影响或乘客利益损害，相关部门或人员负有责任的投诉。

现场投诉：在地铁运营服务过程中，乘客在车站通过口头、《乘客意见簿》进行的投诉。

服务热线投诉：在地铁运营服务过程中，乘客通过服务热线电话进行的投诉。

市政投诉：在地铁运营服务过程中，乘客通过成都市市长信箱、96110文明热线等上级监管机构进行的投诉。

文明地铁监督员投诉：在地铁运营服务过程中，文明地铁监督员提出的投诉。

媒体网络投诉：在地铁运营服务过程中，乘客通过媒体、网络渠道进行的投诉。

致歉信：由于地铁原因，造成列车大面积晚点或停运，公司决定向乘客发出的书面致歉信函。